特別付録

斎藤 さん直筆

呼ぶ」

ード

切り取って部屋に飾ったり、
カバンや手帳のポケットに入れて持ち歩き、幸運力を高めましょう！

※線に沿っててていねいに切り取ってください

ちいさなことに
まなびが
ある
さいとうひとり

『斎藤一人 いますぐ幸せになれる言葉』特別付録

斎藤一人 いますぐ幸せになれる言葉

斎藤一人
著

永岡書店

はじめに

はい、こんにちは。

一人さんは、世間様とはだいぶ違う基準で生きてきました。そして、納税日本一になりました。経済的な豊かさだけでなく、気の合う楽しい仲間たちにも恵まれ、悩みなど一つもない人生を送っています。

私は、世界一の幸せ者である。そう断言できるよ。

そしてそれは、一人さんが変な考え方だったから叶えられたことだと思っています。**つまり、私が基準にしてきたことがこの世の「本質」であり、これを見失っている人がうまくいかないのだと。**

この本は、いわば「一人さんの頭のなか」を公開するものです。

ふだん私がなにを大切にしながら生きているか、どんな考え方で問題解決しているかをお伝えします。

詳しくは本文に譲りますが、言葉には不思議な力があるんだよね。

心に浮かんだ言葉、声に出した言葉は、そのまま自分の現実に反映される。よくも悪くも、人生に大きく影響します。


言葉って、魔法だよ。

一人さんは、その魔法を使って、いとも簡単に富や成功、幸運を手に入れてきた。


それをみんなにもやってもらいたくて、本書では、短い言葉で本質を突いています。短い言葉ならすぐに覚えられるし、口に出すのも簡単でしょ？　ただ、それだけだと十分な理解が難しいと思いますので、その真意や解説も添えました。

必要に応じて、解説の方も参考にしてください。


この本にあることを実践した人は、間違いなく、人生が動き出す。

楽しみにしていてくださいね。

【本書を読んでいただく前のお知らせ】

私は自分を大切にしているので、自分のことを「一人さん」と呼びます。

また、この本には「神様」にまつわるお話が繰り返し出てきます。これは、**「宇宙をつくり出す大いなるエネルギー」「世界をあまねく照らすお天道様」**のような意味であり、宗教とはいっさい関係ありません。

誤解のないよう、お伝えしておきます。

【本書で紹介している言葉について】

本書の言葉を表面的に見比べると、矛盾を感じることがあります。たとえば、「強い気持ちが大事だよ」と言いながら、別のページでは「適当でいい」なんて言ってたりする。

一貫性がないように感じる人がいるかもしれないけど、言葉の先にあるのは、ぜんぶ「あなたが幸せになる」という同じ目的地なんだよね。

ようは、伝えたい相手が違うの。

世の中は、広い。大勢の人がいて、それぞれに人生の満足度とか、幸福感とかって違うでしょ？

心が安定している人には「強い気持ちだよ」の言葉がパワーになっても、いま泣いてる人には、この言葉でもっと気が重くなったり、悩みが深まったりする。そういう人は、まず心を軽くした方がいいから、「適当でいい」という言葉を贈るわけなんです。

そこの見分け方としては、あなた自身が

「聞いてホッとする」
「心が明るくなる」
ような言葉を選んでもらえばいい。また、いま一つピンとこない言葉、違和感がある場合は、さらっと読み流してもいいですよ。

人は成長するものだから、最初はしっくりこなかった言葉が、時間が経ってみると色鮮やかに飛び込んでくる、心に染み入る、なんてこ

ともある。その反対に、以前は涙が出るほど胸に響いたのに、改めて読み返すと、自分でも驚くほど印象が薄くなったりさ。

時の流れのなかで、人はさまざまな経験を積みます。そして、魂レベルが上がっていくんだよね。

この本にはたくさんの言葉が詰まっているけど、**人によって「まだ自分には早い言葉」「いま、まさに欲しかった言葉」「もう卒業してい い言葉」みたいな感じでいろいろある。**一度は卒業したと思っても、いつの間にか忘れちゃって、また必要になる言葉もあるだろう。

その意味では、生涯のバイブルとして、いつもあなたのそばに置いておいてもらいたいのがこの言葉集なんだ。

幸せなとき。
苦しいとき。
悩んだとき。

折に触れ、そのときのあなたに寄り添う言葉を拾い上げてもらえたらうれしいです。

【本書の読み方・使い方について】

本書は一人さんの言葉集であり、「2ページごとに一つの言葉」をご紹介しています（章間にコラムあり）。

ページ順に読まなければ理解できない内容ではありませんので、**インスピレーションでパッと開いたページを、その日の「お守り」「目標」のように受け取っていただいてもいいでしょう。**

ただし、第1章は特に重要な「宇宙の法則」にかかわる内容なので、これだけは先に読んでおいてください。

あとは、順番に読み進めても、飛ばしながらでもかまいません。

あなたの好きなタイミングで、自由に活用してくださいね。

目次

第2章
「いますぐ幸せになる」ために、一人さんが絶対に忘れないこと

第3章 「神に愛され豊かになる」ために、一人さんが大切にしていること

第4章
「困ったことをなくす」ために、一人さんがやってきた発想の転換

第5章

「奇跡を起こす」ために、一人さんがしてきたこと

第1章

「満たされて生きる」ために、一人さんが信じていること

あの世があるから
この世が成立するんだ

目に見えないものを知ると
この世のことが深〜くわかります

人生の最強の攻略法は、この世界の仕組みを知ることです。

そして、この世について深く知ろうと思ったら、避けて通れないのが「あの世」のことなんだよね。**目に見えない世界を知らずして、目に見える世界を理解することはできない。**というのが一人さんの考えなの。

空気は目に見えない。けど、空気がなきゃ人も動物も、植物だって生きられないでしょ？　**空気という目に見えないものがあるから、肉体という目に見えるものが生きられる。**そんなイメージなの。

じゃあ、あの世のことってなんですかって言うとね。

この宇宙をつくった神様や、その神様が私たちに望むこと、それから人の魂についてです。

科学では説明がつかない話だけど、「こういう不思議な世界があるんだ」と知るだけでも視野がすごく広がって、行き詰まることがなくなる。

つまり、ダンゼン生きやすくなるんです。

魂に上も下もない
みんな等しく「神の子」だ

自分も相手も大切にできたら
争いごとなんて消滅するね

宇宙のすべては、神様によってつくられました。

私たちもまた、神様から命（分《わ》け御霊《みたま》）をもらって生まれた「神の子」なんだよね。全員、神の魂を持っている。

人間はすぐに、「あっちの方が優秀だ」「自分は下だ」みたいな考えにとらわれるんだけど、それって大間違いなの。みんな同じ神の子で、あなたも私も神そのものなのに、序列なんてつけられるはずがない。

自分は神である。

相手のなかにも神がいる。

この前提があると、相手をバカにしたり、自分を卑下したり、そんなことはできません。それって、神を侮辱するのと同じだからね。

神様の存在を知ると、人は自然とやさしくなります。自分も相手も大切にできる。だから、争いごとなんて消滅しちゃうよ。

生きながらにして、ここを天国にできるんだ。

似た波動は互いに引き合い
異なる波動は反発する

言霊と言ってね
言葉に宿る波動があるんです

あらゆる物質や現象は、とことんまで分解すると、最後は目に見えない小さな粒子になると言われます。この粒子が集まって波動《はどう》（エネルギー）が生まれ、それが生物やモノ、現象として現れるんだよね。

実はこの波動、単なるエネルギーではありません。**似た波動は互いに引き合い、異なる波動は反発するという性質を持っているの。**「類は友を呼ぶ」という言葉があるけど、これはまさに、波動の性質を表すわけです。

波動はこの世のすべてに宿り、それは言葉も例外ではない。

言葉には、「言霊《ことだま》」と呼ばれる波動があって、たとえば「楽しいなぁ」と言ってる人には、また楽しくなるようなことが起きる。「面白くない」みたいなことばかり言うと、面白くない人生に向かっていっちゃうの。

一人さんは、このことをなぜか子どものときから知っていて、言霊の力を借りながら生きてきました。**だから、納税日本一という偉業を成し遂げられたんだと思っています。**

つらいことばかり起きるのは
愛が出ていないのが原因です

神様に好かれるように生きてごらん
奇跡なんて簡単に起きるよ

神様は、みんなが思うよりはるかに楽しくて、愛の深い存在です。神様は、愛と光そのものなんだよね。

だから、神の子である私たち人間も、その本質は愛と光です。

愛のない言葉、愛のない表情、愛のない行動をしていると、本来の姿から離れていっちゃう。神様の住む天国とは真逆の、苦しい闇の方へ引っ張られるわけです。人生に迷っている人、つらいことばかり起きる人を見るとわかるんだけど、愛が出てないんだよね。

愛を出すって、神様に好かれる生き方です。人間だってさ、自分の子が自分に似てると可愛いじゃない。幼子が、大人の真似をすると愛らしいよな。神様にしてみれば、私たちは子どもだからそれと同じなの。

神様はこの宇宙をつくれるぐらいの力を持っているわけだから、それこそ、成功のアイデアから奇跡のタネまで、可愛い我が子には惜しみなく出してくれる。神に味方されたら、奇跡なんて簡単に起きちゃうよ。

愛に心が揺さぶられ、勇気がもらえる
それはあなたの本質が愛だから

世の中でいちばん強いのは「愛」の力です

日本語の五十音は、「あいうえお」の「あ」「い」から始まります。ここにはね、この世界でもっとも強い力を持つのは「あい（愛）」だ、ということがハッキリ表れているんです。

すべてにおいて優先すべきは愛であり、愛が欠けたものは、なにがどうなってもうまくいかない。そんな神様のメッセージが、五十音に込められているわけです。

波動の観点から言えば、愛には、最強にして無敵のエネルギーが宿っている。なぜかと言うと、この世界をつくった神様が、愛の塊だからね。創造主と同じ波動が最強なのは当たり前なの。

そして私たちは、神様から授かった命で生きています。人の本質は愛だから、愛の強いエネルギーに触れると心が揺さぶられるし、魂が共鳴して涙がこぼれることもある。愛に励まされ、生きる勇気をもらえるじゃない。

愛がなきゃ、人はとうてい幸せにはなれないんだ。

神様に喜ばれる「神ごと」で
とんでもない強運に恵まれるよ

肉体と同じように
心や魂にも栄養が必要だ

栄養失調の人がいくら運動しても、体が悲鳴を上げるだけで、健康になれないよね。しっかり栄養を摂ってこそ、運動で元気になる。

それと同じで、生きることが苦しくてしょうがない、いつも怒りで爆発しそうな人って、なにをしてもうまくいかないの。心（魂）の栄養が足りてないから、動けば動くほど落ち込む結果になっちゃうんです。

心（魂）の栄養になるのは、愛です。ようは、神様に喜ばれる言動だよね。神様に嫌われるような愛のない言動は徹底的にやめて、愛のある言動に変えなきゃいけない。

簡単に言うと、明るい言葉を使い、明るい気持ちになること。それから、自分にも人にもやさしく、好きなことを楽しんで、自分を甘やかす。

こういうのって、神様にご馳走《ちそう》を差し上げる「神ごと」だから、神様に喜ばれて応援してもらえるし、悪いことからも守られます。

心（魂）の栄養が足りてる人は、とんでもない強運に恵まれるんだ。

笑顔は神様にマルもらえる
つらいときほど笑ってな

笑うって
宇宙をあまねく照らす
太陽と同じだね

笑う門には福来る。と言うように、笑いに満ちた家には、幸せの方から寄ってきてくれるんです。

世間の人は、世の中の仕組みをやたら難しく考えるけど、実はものすごくシンプルなの。誰だってさ、ブスッとしてるより笑ってる方が好きだよな。それを、「笑顔みたいな、誰でもできることだけやってたんじゃしょうがない」とかって、軽く見てやらない。

言っちゃ悪いけど、その簡単なことすらやらないから、うまくいかないんだよね。

ウソだと思ったら、毎日、笑顔で過ごしてみな。絶対、人に好かれるし、人生はガラッと変わってきちゃうはずだから。

笑うって、宇宙をあまねく照らす太陽と同じだよ。笑えば明るい波動になるし、神様にマルもらえるの。

だから、つらいときほど笑ってな。それがいちばんの特効薬ですよ。

軽い魂はふわふわと天国を目指す
幸せ街道をばく進するんだ

深刻に考えないで
気持ちを明るく、軽くだよ

ヘリウムガスみたいな、空気よりも軽い気体を入れた風船は、上へ上へあがっていきます。いっぽう、同じ風船でも、水風船は重くて下に落ちる。これってね、魂とすごくよく似ているんです。

軽い魂はふわふわと天国を目指すの。この世にいながら天国へ行くってことは、つまり幸せ街道をばく進するってことだよな。

その反対に、なぜか嫌なことばかり起きる人っていうのは、魂が水風船みたく重い。重いものは下に落ちるのが当たり前だから、ちょっとしたことですぐ気持ちが不安定になるわけです。

じゃあ、魂を軽くするにはどうするんですかって言うと、明るい気持ちなの。**明るいって、「あかるい（あ、軽い）」でしょ？　明るさがあれば、魂が軽くなってふわ〜っと上へあがるよ。**

21世紀は「魂の時代」です。いかに魂を軽くするかで勝負がつく。**深刻に考えない。明るく、軽く。それがこの時代の最大の修行なんだ。**

苦しむ方が道を踏み外す
自分を解放して時代の波に乗りな

徹底的に自分を大切にしなきゃいけないんだ

これまで、社会で生きるには、歯を食いしばって耐え忍ぶとか、じっと我慢することが必要だと思われてきました。でもね、それってもう時代遅れだよ。家柄や学歴、モノによって満たされる時代は終わった。

21世紀は、魂の時代です。

魂が喜ぶこと。これが、新しい時代の幸せのカギです。

難しい話じゃないの。心が豊かになることをすればいいんだよね。徹底的に自分を大切にして、ひとりひとりが自由に楽しんでこそ、世界もますます豊かに発展していきます。自分を苦しませる方が、よっぽど道を踏み外す時代なの。

すでに、それを象徴するような流れがどんどん目につくよね。**好きな仕事で楽しくお金を稼いで、我が道を堂々と突き進む。そういう人が、すごく増えてるでしょ？**これからますます、その流れは大きくなります。

時代の波に乗るためには、自分を解放することが不可欠だよ。

悪いことすら楽しい
それが魂の感覚なんです

あなたは地球で
遊び倒すために生まれた

私たちの命（魂）は、もともと肉体を持ちません。あの世を飛び出し、この地球に生まれてくるときに肉体を授かるんだよね。

そして魂は、肉体がなきゃ味わえないことを体験したくてウズウズしています。五感をフルに使って、人生を味わい尽くしたい。ようは、地球で遊び倒すために生まれてきたわけです。

人間の感覚では、悪いことは起きて欲しくない。**けど、魂にしてみれば、起きることにいいも悪いもありません。ぜんぶ楽しい経験だし、悪く見えることにも意味がある。**そこからなにか1個でも学び、魂を磨き上げ、生みの親である神様にちょっとでも近づきたいんだよ。

そういうことがわかってくると、悪いことすら楽しもうっていう気持ちになるの。少なくとも、一人さんはそうなんです。

人間の寿命って、長いようで短い。**せっかく生まれてきたのに、泣いてばかりじゃもったいない。もっと欲張って、遊び倒さなきゃね。**

自分らしく生きなきゃ
地球という作品は完成しないよ

俺たちはジグソーパズルのピースみたいなもの

人間って、ジグソーパズルのピースみたいなものでさ。この世界は、ひとりひとりが分離した個の集まりみたく感じるけど、みんな同じ神様からの分身であり、深いところではつながっている。

でもね、全員が同じってわけでもないんです。**人にはそれぞれ役割（使命）があって、自分だけがピタッとおさまる場所があります。**そこにおさまると、すっごく居心地がよくて幸せなの。しかも、そこであなたが自分らしく生きたら、周りの人もしっくりきてうれしいんだよね。

パズルのピースを形の合わない場所に置くと、周りもぜんぶズレちゃうじゃない。それと同じなの。それぞれが自分の場所に落ち着くことで、全員がピタッとはまって完璧な世界が完成する。

そして、ジグソーパズルは1個でもピースをなくすと作品が完成しないように、この世に、ひとりたりとも「いなくていい」人はいません。

ひとりも欠けずに存在するから、この地球という作品も成り立つんだ。

自分をゆるせたら
人の過ちにも寛容でいられる

どんな自分でも
ゆるしてあげるんだよ

勉強が嫌い、運動が苦手、容姿に自信がない……人には誰しも、できないこと、納得のいかないことがある。

でもね、どんな自分でもゆるしてあげなきゃいけないよ。**人の幸せは、自分をどこまでゆるせるかにかかっているから。**

自分をゆるせたら、そのぶん人のこともゆるせるようになる。人の過ちにも、「俺だって未熟だしな」って寛容になれるんだよね。

一人さんは子どもの頃、遅刻や欠席の常連で、宿題もしたことがないぐらいでさ（笑）。当然、親や先生には繰り返し怒られた。ふつうなら、「俺は劣等生だ」みたいな心境にもなるんだろうけど、私は自分のすべてをゆるし、「俺は自由に生きるぞ」って大人の言うことは聞かなかったの（笑）。

だから、一人さんはどんな人のこともゆるせる。そうすると周りも安心して、みんなが「一人さん、一人さん」って慕ってくれるし、いっぱい愛をくれる。**自分も人もゆるせる人は、孤独とは無縁の人生になるんだ。**

互いにゆるし合い、助け合う
そのなかで愛を学ぶための不完全だよ

この星にスーパーマンがいないのは
スーパーマンが必要ないからだ

人はみんな、神様です。と言うと、「こんな不出来な神様はいない」とかって、自分を卑下する人がいるんだけど。

あのね、不完全なところも、実はそれで完璧なの。神様は、人間が地球で愛を学べるように、あえて不完全につくってるんだよね。

自分の不出来なところがあると、多くの人はそれをどうにかしようとがんばるんだけど、苦手なことで努力しても、せいぜいふつうになる程度です。**だったら、自分の「好き」を伸ばすことに全力で挑む方がよっぽどいいじゃない。**好きなことを磨けば、図抜けることもできるんだよね。

自分ができないことは、人に助けてもらえばいい。そして、自分にできることでお返しをする。神様は、これを望んでいます。互いにゆるし合い、助け合うなかで愛を学びなっていうのが神のメッセージだから、この世に完璧な人はいないし、その状態が完璧なんだ。

この星にスーパーマンがいないのは、スーパーマンが必要ないからだよ。

あなただからこそ出せる魅力がある
自分らしさを磨くことで輝きな

あなたはあなたのままでいい

赤い花は、どうやっても黄色い花にはなれません。

それを、「なぜ黄色になれないんだ」と責め立てられたら、赤い花は、自分のことを出来損ないだと思っちゃうんだよね。黄色い花になれないばかりか、赤い花としての美しさ、輝きまで失ってしまいます。

赤い花がやるべきは、最高の赤い花を咲かせること。努力して黄色い花を咲かせようとしてはいけないの。わかるかい？

赤と黄色のどちらが上とか、こっちの方がきれいだとか、そんな優劣はありません。どの花にも、その花だからこそ出せる魅力があるし、どれも個性的で美しいんだよ。

それと同じで、人間も「自分ではない、なにか」になる必要なんてない。

あなたは、あなたのままでいい。

というより、ありのままじゃなきゃダメなんだ。人は、自分らしさを磨き上げることで最高に輝くものだからね。

嫌なことばかりに気を取られないで
楽しいことに目を向けてごらん

花にはチョウが集まる
ウンコにはハエがたかる（笑）

人生は、壮大な旅です。その長い旅のなかには、いい景色もあれば、見たくない現実も出てくるんだよね。人の愛に触れて感動する日も、犬や猫が落っことした道端のウンコが目に入っちゃうときもある（笑）。

でね、ウンコを見たら、それまでの愛や喜びがぜんぶ吹き飛んで、頭のなかがウンコ一色になる人がいるの。これが、「毎日つまらない」「なんで私ばかり不幸なの？」みたいなことばかり言ってる人です。

ふつうに考えたら、旅の間じゅうウンコのことばかり考えて面白いわけないよな。誰でもわかる。なのに、自分の人生ではそれやっちゃうんだよ。花にはチョウが集まる。ウンコにはハエがたかる（笑）。

それがこの宇宙の摂理だからね。ウンコにチョウが寄ってくることはないんです。チョウ（幸せ）にきて欲しければ、あなたが花のような波動を出すしかない。

嫌なことばかりに気を取られないで、楽しいことに目を向けるんだよ。

あなたが学ばないでいると
ソウルメイトを苦しめちゃうんです

毒親も暴力亭主も
本当は愛の深い魂なんだよ

人にはそれぞれ、ソウルメイトと呼ばれる「魂の家族」がいます。あなたの人生に色濃くかかわる人は、たいていソウルメイトなの。

魂は、あの世にいるときに、ソウルメイトと「今世どんな関係になろうか？」って相談します。映画やドラマのキャスティングみたく、親子になろうとか、親友でいこうとかって。そして、生まれたら全力でその役を演じるの。この世界に生きる人は、全員、名役者なんだよね。

ここでポイントなのは、毒親とか、暴力亭主とか、みんなが嫌がる悪役を引き受けてくれる魂です。あなたが「今世、そのことで成長したい」と頼み込み、愛で引き受けてくれた魂なんだよね。

だから、嫌なやつにやられっぱなしはダメなの。**あなたが学べば、その悪役はもう必要なくなって、ソウルメイトは悪役を卒業できるのに、いつまでも学ばずにいると、ソウルメイトはずっと嫌なやつでい続けなきゃいけない。**大切なソウルメイトを苦しめることになっちゃうからね。

1000年の付き合いだろうが
尊重し合うのは当たり前なんです

なめられて黙ってちゃいけない

誰にでもやさしいって、素晴らしいことだよね。

でも、やさしいのと「なめられる」のは大違いなんです。上司になめられて利用される、旦那になめられてバカにされる。そういうのをゆるすのは、決してやさしさじゃない。絶対ゆるしちゃダメなの。

特に夫婦の場合は、空気みたいな存在になるから、なめられてもしょうがない、なんて言う人がいるけど、だったら結婚しないで空気を抱いて寝た方がマシだ（笑）。親しきなかにも礼儀あり。何年連れ添おうが、前世から1000年の付き合いだろうが、尊重し合うのは当たり前なんです。

もしなめたことされたら、倍返しで言い返さなきゃ（笑）。それが難しかったら、心のなかで「ふざけんな、次はゆるさないぞ！」ぐらいは思いな。思うだけでも強い波動が出て、相手をけん制するからね。

で、それでも相手が変わらないときは、もう離れた方がいい。とっとと転職するとか、離婚届を叩きつけてやればいいよ（笑）。

一寸先は光
明日が楽しみだ

見えないからって闇じゃない
いつだって明るい未来が待ってるよ

未来のことを、「一寸先は闇」と表現するでしょ？　先のことは予想がつかないから「闇」と言うんだろうけど、一人さん的にはこれ、すごく違和感があるんです。

一人さん流で言えば、こうだよ。

「一寸先は光」

未来のことはわからない。それは誰だって同じだけど、「見えない＝闇」ではないの。詳細が見えないだけで、明るい神的波動の人は、明るい未来であることが決まっています。

まぶしすぎて見えないことはあっても、真っ暗闇で見えないなんてありえない。闇なんて存在しないんだよね。

だから一人さんは、いつだって未来が楽しみなの。

明日はどんないいことが待っているだろうって、朝起きた瞬間からワクワクしっぱなしだよ。

Column 1

「天国言葉」は、あなたを幸せにする言葉
「地獄言葉」は、使えば嫌なことが起きる言葉

一人さんにはたくさんのお弟子さんがいるんだけど、その全員に最初に教えたのは、「天国言葉」と「地獄言葉」です。

使えば使うほど、言霊の力でおのずと幸せな道に進めるのが天国言葉。その反対に、使えば使うほど波動が落ちて、嫌なことばかり起きちゃうのが地獄言葉です。

キホンの天国言葉と地獄言葉は左にご紹介しますが、これら以外にも、「聞いた人がうれしくなる言葉」はどれも天国言葉だし、「聞く人が不快になる言葉」は地獄言葉なの。

天国言葉

愛してます
ついてる
うれしい
楽しい
感謝してます
幸せ
ありがとう
ゆるします

地獄言葉

恐れている
ついてない
不平不満
グチ・泣きごと
悪口・文句
心配ごと
ゆるせない

地獄言葉を1個でもやめて、天国言葉をどんどん使うんだよ。
それに比例して、幸せに近づいていくからね。

第2章

「いますぐ幸せになる」ために、一人さんが絶対に忘れないこと

我慢ばかりしていると
思考が偏ってソンをする

苦労はするものじゃない
それがお釈迦様の悟りです

お釈迦《しゃか》様は、難行《なんぎょう》苦行《くぎょう》で悟りを開きました。

でもね、過酷な修行を経てたどり着いたのは、「苦労はするものじゃない」という結論だったんです。

自分が苦労ばかりだと、ラクに成功した人、気楽に生きてる人がゆるせません。自分が報われない場合は、なおのことだと思います。

だから、「あいつはズルい」とかって、文句や悪口ばかりになって、周りから嫌がられる。人に疎《うと》まれて、いいことなんて1個もないよね。

我慢ばかりしていると、思考が偏っちゃうの。そのせいでソンをする。

お釈迦様はそのことを悟り、「上気元《じょうきげん》（一人さんは、上機嫌をこう書きます）で楽しく生きなきゃいけない」と説いたわけです。

その意味では、私たちはこの地球で、機嫌よくいる「上気元の修行」をしているようなものだね。**座禅や滝行も立派な修行ではあるけど、お釈迦様が言うように、上気元の修行が最上なんだ。**

悪いことが起きるのは
間違った道に進んでいるせいだよ

間違ったときはサインをくれる神様ってやさしいの

神様には肉体がないし、声を出すこともできません。だから、私たちに伝えたいことがあると、なんらかの「現象」でお知らせがあります。

そして、そのメッセージが重要であればあるほど、起きる現象は悪いことのように見えやすい。「そっちは危ないよ！」「人生が狂っちゃうよ！」みたいなのは、なんとしても気付かせなきゃいけないからね。

つまり、あなたの人生が悪いことの連続なんだとしたら、それは神様からの重要なサインを見逃しているということなんだ。**あなたが気付かないから、神様が繰り返し教えてくれているんです。**

と思うと、神様って本当にやさしいよ。ハッキリ言って、どんな学費の高い学校でも、そこまでしてくれる先生はいません。しかも、神様はそれをタダでやってくれるわけだからね。

神様のサインに気付いて改善しちゃえば、もう神様はメッセージを送る必要もありません。**だから、苦労もきれいさっぱり消え去るよ。**

嫌な記憶は
自分に都合よく書き換えな

人の脳って案外いい加減だからね
楽しい妄想でトラウマはなくなるよ

一人さんはかつて、トンネルがすごく怖かったの。トンネルに入ると具合が悪くなっちゃうぐらいでさ。たぶん、前世で生き埋めになったとか、なにか「暗くて閉鎖的な場所」にまつわる嫌なことがあったんだろうね。**自分ではわからないけど、魂に刻まれたものがあるんだと思います。**

だけど、私のいちばんの趣味はドライブで、それこそ高速道路なんて、トンネルだらけで避けて通れません。それで私は、嫌な記憶を自分に都合よく書き換えたの。美女に、ぎっちぎちに取り囲まれる妄想で（笑）。

トンネルと同じように暗くて狭いんだけど、美女に囲まれてると、怖いどころかうれしくて笑いが止まらない（笑）。その妄想を、トンネルを通るたびにやってたら、すっかり恐怖心が消えちゃったの。

人間の脳ってね、高度なようで、実はいい加減なところがある。

嫌な記憶がトラウマになっているとか、過去を引きずってしまう人は、その記憶を自分に都合よく上書きしちゃえばいいんだ。

もともと傷があるから
ちょっと触られただけで痛いんだ

人の言葉がグサッときたら
自分で自分をいじめてないか確認だよ

人の言葉にグサッとくることがあるよね。もちろん、傷つけることを言った相手が悪い。なんだけど、傷つく方にも、傷つく理由があってね。

一人さんの場合は、誰になにを言われても傷つくことがないの。**たとえ嫌味を言われても、「この人は機嫌が悪いんだな」って受け流しちゃうんです。あるいは、「その言葉、そのままあんたに返すよ」と言い返して終了（笑）。**

傷つく人と一人さんの違いは、「自分いじめ」をしているかどうかなの。

私は自分を大切にしていて、いつも自分を褒《ほ》めています。自分には最高の価値があると思っているから、人になにを言われようが気にならないんだよ。**だけど、日ごろから「私はダメな人間だ」って自分いじめばかりしてる人は、すでにそこに傷があるわけです。**だから、ちょっと人に触られただけで飛び上がるほど痛む。これが、グサッとくる理由なの。

人の言葉に傷ついたら、自分いじめをしていないか確認してごらん。**そのいじめをやめたら、傷も癒えて、もう心は痛まなくなりますよ。**

心が明るくなることに一点集中
神はからいで、ぜんぶうまくいくよ

幸せのカギを握るのは
あなたの「思い」です

自分に起きる出来事は、過去にあなたが「思った」ことの現れです。よくも悪くも、あなたの思い通りの人生になってるはずなの。

思いには、波動という強力なエネルギーが宿ります。波動の法則は絶対で、自分が出してもいない波動に影響を受けることはありません。

どんな未来も、自分の思いにかかっている。あなたの思いが、幸せのカギを握っています。

このことが真に肚落《はらお》ちすれば、起きることにいちいち振り回されなくなります。だって、あたふたすればするほど、また慌てなきゃいけない未来が生み出されるだけだからね。

いい未来を迎えたければ、不安や心配よりも、楽しいことを考えな。

心が軽く、明るくなることに一点集中だ。

そうすれば、絶対、豊かな道ができてくる。

神はからいで、ぜんぶうまくいくよ。

目線を変えてごらん
ちょっとだけでいいから

どんな現象にも幸せの糸口がある
正面になければ横や後ろを見てみな

失業、難病、事故、貧困、人間関係……この世で起きる出来事に、いいも悪いはありません。それらの良し悪しを決めているのは人間であって、本当はどれも一つの現象に過ぎない。中立なんだよね。

それがなぜ、人間の目を介した途端に「いいこと」「悪いこと」に分けられるのかって言うと、いいことが起きても調子に乗らないとか、悪いことからも学んで成長するとか、魂を磨くためです。そして、**受け取ったタネで自分らしい花を咲かせられたら、神様にマルがもらえる。**つまり、幸せを感じられるわけです。

どんな現象にも、必ず幸せの糸口はある。

正面から見えないんだったら、その場にじっとしてないで、横や後ろを覗《のぞ》いてみなよ。たいていのことは、ほんのちょっと目線を変えただけで、簡単にヒントは見つかるんです。**「なにが学びかな?」**って意識するだけで**も、物事の見え方は違ってきますよ。**

なぜかいつも負ける人って
出す手がワンパターンなんだ

「グー」「チョキ」「パー」の三手ぐらい用意しておきな

ジャンケンでさ、毎回グーばかり出して負ける人がいたら、「ほかの手を出せばいいのに」って思うでしょ？　同じ手ばかりで、相手に読まれてるから勝てないんだってわかります。

人生もそう。なぜかいつもいじめられる、言いくるめられる人って、出す手がワンパターンで、相手に見抜かれちゃってるの。　いじめられても、ずっと我慢してきたんだとしたら、もう我慢という手は使えないんだよ。「反撃」「（先生や警察に）通報」みたいな、別の手を出さなきゃ。

仕事でも、うまくいかないのに、同じやり方ばかりじゃしょうがない。**営業なら、「押す」「引く」「世間話で盛り上がる」とかさ、それぐらいは使い分けるの。**　相手が困ってるのに、押してばかりじゃダメだよな。

もちろん、手数は多い方がいい。でも、いままで一手だけだった人が、いきなり何十手も使いこなすのは無理だからね。まずは、ジャンケンと同じ三手ぐらいは考えて、そこから挑戦してみたらいいですよ。

貧乏考えをしていると貧乏神が飛んでくるよ

貧乏波動は貧乏神の大好物
懐や心に貧乏風が吹き荒れるんです

みんなは、貧乏神って好きかい？　たぶん、そんな人はいないと思います。貧乏神には悪いけど、近くにいてもらいたくないよな（笑）。

ところが、そう言いながら、自分で貧乏神を呼んでる人がいるの。貧乏考えをしたり、地獄言葉を使ったりしている人なんだけど。

貧乏考えというのは、ケチ臭い考えのことです。文字通り、払うべきお金をケチって出し渋るとか、お金を汚いものだと思うことを指します。ほかにも、自分否定のような重い波動になることも、ぜんぶ貧乏考えです。

貧乏神は、貧乏にかけては超一流なの（笑）。大好物の貧乏波動があると、飛んできてその力を遺憾《いかん》なく発揮します。**怖ろしいことに、どんなお金持ちでもあっという間に貧乏にしちゃう力があるんだ。**

貧乏神の手にかかると、懐《ふところ》も、心にも、貧乏風が吹き荒れる。

だから、どんなにお金がなくても、「お金がない」なんて言わないんだよ。いつでも「豊かだなぁ」「幸せだなぁ」って笑ってな。

ないものねだりって人生の信号無視なんだ

あるものに感謝すれば
ヒヤヒヤしない快適な人生になるよ

不幸な人ってね、「あれがない」「これが欲しい」って、ないものばかり数えるんです。持ってるものだってあるのに、それに目を向けない。

家族みんな元気でいられるとか、毎日温かいご飯が食べられること。家にエアコンがあって、真夏や厳冬でも快適に暮らせる。**そんなの当たり前のことでしょって、本当にそうだろうか？　私は、どれも奇跡だと思うよ。**

世界には、今日の命すら保障されない人が大勢いる。遠い国の人でも、同じ神の子であり、魂同士はつながっています。**決して対岸の火事じゃない。ゆっくり寝られる家があるだけで、どんなに幸せなことか。**

一人さんは、あるものに感謝する心を持つのは、信号を守るのと同じぐらいの常識だと思ってます。**信号無視をすれば、事故を起こして傷ついたり、人生がめちゃくちゃになったりする。感謝がないと、そうなるんだよ。**

ないものねだりって、人生の信号無視です。だからヒヤヒヤしっぱなしなのであって、あるものに感謝すれば、安全で快適な人生になるよ。

自分を笑わせるのは神ごと
徳が積まれて魅力が光るよ

自分の機嫌は自分で取る
どうすれば笑うか、研究、研究

社会の荒波を乗りこなすには、高い能力がいる。そんなふうに言われるんだけど、ここには二つの間違いがあってね。

まず、荒波なんてどこにもない（笑）。この世界は、誰でも簡単に思い通りの人生が送れる、激アマの世界なんだよね。それから、能力が必要だというのは確かに一理あるけど、私はもっと大切なものがあると思います。

それは、「人徳《じんとく》」だよ。なくてはならない人になろうと思ったら、人徳をつけなきゃいけない。**いくら能力があっても、人徳がなきゃ、それこそ世間の荒波に飲まれちゃうだろうね。**

じゃあ、人徳とはなんですかって言うと、**自分で自分の機嫌を取ることです。自分を笑わせるのは神ごとであり、「徳積み」だから、やればやるほど徳が積まれて魂レベルも上がる。**魅力が光って、人に好かれるんだよ。

そうとわかったら、どうすれば自分が笑うか、研究、研究。人の機嫌を取ってる暇はない。徹底的に自分の機嫌を取るんだよ。

いまを100％楽しんでたら
どう転ぼうがうまくいく

ニコニコしてると「行き当たりバッチリ」の人生になる

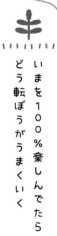

これはあくまでも一人さんの場合なんだけど。私は、人生で目標を掲げたことがないんです。目標って、少し窮屈に感じちゃうんだよね。それより、目の前の幸せを100％味わって、楽しみ尽くしたいタイプなの。

で、そうやって生きるうちにわかった。実は、これがいちばん簡単に幸せになる道なんだなって。

考えてみたら、当たり前だよね。いつも「いまの自分」を楽しんでる人は、自然と笑顔になる。満たされているから、ニコニコするでしょ？　そしたら神様に愛されるし、天の知恵だっていっぱい授かるじゃない。

がんばらなくても、そのときの直感で「こっちが楽しそう」と思う道を選べば、どう転んでもうまくいく。

だから、一見、適当な行き当たりばったりのように見えて、実は完璧な「行き当たりバッチリ」なの。**やることなすこと、「なんであの人は適当にやって結果が出るの!?」って言われちゃう人生になるんだ。**

自分の手札で勝ちを狙うしかない
そのカードだから行ける道があるんです

ここでいかに幸せになるか
っていうゲームだね

一人さんは、中学しか出ていないんだよね。中卒で社会に出たら、人より多く経験を積める。その方がトクだと思ってたの。まぁ、勉強も嫌いだったんだけどさ(笑)。

だけど、もし私が大卒だとしたら、間違いなく「大学へ行っといてよかった」と言うだろう。

自分が不利になるようなことを言ってちゃダメなんだよ。どんな些細なことでも、ぜんぶ自分がトクするように考えるの。自分の選択は、どれも正しい。そうやって自分を肯定し続けなきゃ。

人生はね、与えられた環境でいかに幸せになるかという、ゲームみたいなものだと思います。カードゲームでも、配られた手札に文句ばかりじゃ始まらないよな。自分の手札で勝ちを狙うしかない。

このカードだから、行ける道がある。そう考えた人が勝つんです。

自分がソンすることは、絶対に考えちゃいけないよ。

世の中の8割はグレーゾーン
肩ひじ張らない大らかさが大事です

まぁいいか、まぁいいか
少々のことは受け流すんだよ

世の中は、白黒ハッキリつけられることばかりではありません。むしろ、白でもない、黒でもない、そんなグレーゾーンの方が多いの。一人さんの感覚だと、全体の8割ぐらいはグレーゾーンだと思います。

それなのに、多くの人は善悪や正誤をつけたがる。でもそれって、**「私が正しい、あなたは間違っている」と主張するようなもので、言われた方は不快になります。**人間関係にヒビが入って、生きづらくなっちゃうの。

社会では、曖昧《あいまい》さ、遊びの部分ってすごく重要なんです。白と黒しか存在しない社会なんて、窮屈《きゅうくつ》で息苦しい。とても生きていけないよ。

ラクに生きるには、「まぁいいか」っていう、肩ひじ張らない大らかさが必要なんです。自分も人も、気楽でいられるゆとりだね。

と思って、少々のことは「まぁいいか、まぁいいか」って受け流してごらん。**適度な「いい加減」でいられたら、いまの何十倍、何百倍も、ラクに生きられるよ。**

人に嫌われることをして
豊かであり続けることはできないよ

威張らない人
調子に乗らない人
最高に素敵だね

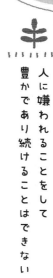

威張《いば》るって、ボクサーが一般の人に手を出すのと同じことだと一人さんは思っているの。プロ同士で戦うのはいいけど、ふつうの人を殴《なぐ》るって、ただの暴力だし弱いものいじめだよな。こんなに卑怯《ひきょう》なことはありません。

相手よりお金や力があるからと、威張って調子に乗る人がいるけど、ハッキリ言って最低だね。

こういう、弱いものいじめを平気でする人は嫌われる。いまはちょっとお金や力を持ってるかもしれないけど、人に嫌われて豊かであり続けることはできないからね。そのうちに、必ず転落の時がくるんです。波動の観点から言っても、それは間違いありません。

一人さんは威張りん坊が大嫌いだから、これまで威張ったことは一度もないし、そういう人とはいっさい付き合わない。誰に対しても同じ態度で、愛を出す。それが最高に魅力的な人間だと思っているし、実際、私ほど仲間に恵まれた人はいないという自信があるんだ。

なんでも段階というものがある
自分を褒めて盛り立てるんだよ

100言ってた地獄言葉が99になっただけでも大成功

行動しても長続きしない人は、完璧にやろうとしすぎなの。

使う言葉でもさ、「天国言葉を増やして、地獄言葉はやめよう」と思って始めるのに、いつの間にかやらなくなっちゃってるのは、100％を目指すからなんだよね。あんまりハードル上げちゃうと苦しくなるんです。

いままで100言ってたグチが、99になったら、まず自分を褒めてあげなきゃ。一つ減っただけで大成功なの。**なのに自分を褒めないから、心がスネちゃう（笑）。「もうや～めた」ってなるんだよ。**

なんでも、段階というものがあります。赤ちゃんが1回でも寝返りを打てば、親は大喜びするよね。「スゴいぞ！」って褒めまくるじゃない。

大人だろうが関係ない。自分にもそれやってあげなきゃダメなんです。

小さな成果でも、「大成功だ！」「よくやった！」って自分を褒めて盛り立てたら、心が喜んでがんばれる。

結果、長続きするし、大きな成果にもつながるんだ。

自分を大切にできてないと
楽しそうな人がゆるせないんだね

思い切り自由に生きたら
羨望や嫉妬なんて出てきませんよ

なにかに挑戦したり、楽しんだりしていると、すぐ水を差してくる人がいるよね。「前に、それやった人が失敗してたから、やめた方がいいよ」「遊んでばかりで、マズいんじゃない？」とかって。しかも始末が悪いのは、「あなたが心配で」なんて、あたかも親切のように言ってくる。

こういうのに騙《だま》されちゃダメだよ。口先ばっかりで、まずあなたのことなど思ってない。自分を大切にできてなくて、単に人の楽しげな姿がゆるせない人なの。**心のなかに羨望《せんぼう》や嫉妬《しっと》が渦巻いてるのに、それを直視するのがつらいから、自分を誤魔化《ごまか》すためにお節介をするわけです。**

その証拠に、いつも自由でなんの縛りもない一人さんは、人を羨《うらや》ましいと思ったことも、嫉妬したこともありません。

自分が満たされていると、人のことはどうでもよくなる。というか、楽しそうな人がいれば一緒に笑いたいし、誰かが苦しんでたら助けたい。

自由な人は、みんなに幸せであって欲しいと思うものだよ。

人に迷惑をかけないって
自分に我慢させることじゃないよ

宇宙は自分を中心に回っている
自分のいる場所が世界の真ん中だ

日本人は、「人に迷惑をかけない」という意識がすごく強い。もちろん、それは素晴らしい心がけですが、**いっぽうで、自分より人を優先しなきゃいけないというワナに陥りやすいことも、また事実だと思います。**

人に迷惑をかけないって、自分に我慢させることじゃないよ。**なのに、人のため、会社のために、自分の心を殺しちゃう人がすごく多いの。そんなことやってたら、生きるのがつらくなるのは当たり前だよね。**

社会のルールや、道徳みたいなものは気にしなきゃいけないけど、だからって、自分の気持ちまで曲げる必要はありません。

あなたには、あなたの「思い」「考え」でつくられる、人生という名の宇宙がある。自分の宇宙は自分だけのものだし、それぞれの自由なんだよね。

1億2000万人いれば、1億2000万通りの生き方があっていい。

あなたの宇宙は、あなたを中心に回っている。あなたが主役であり、自分のいる場所が世界の真ん中なんだ。

Column 2

いいこと聞いたらすぐ実行 ほんとにすぐだぜ

この世界で、ゆっくり行動した方がいいものはありません。じっくり考えたら正解率が上がるってことはなくて、やってみなきゃわからないの。

だとしたら、早く動いちゃった方がいいよな。グズグズしてても時間がもったいないんです。

で、やってみて失敗したなら、すぐやめる。おかしいと思いながら、いつまでもしがみついてちゃダメなんです。

さっさと次に進めば、それだけ成功につながる可能性も高くなります。

行動の早い人ってね、間違えたと思ったらすぐやり直すの。挑戦、やめ

る、次の挑戦、やめる……の回転がめちゃくちゃに速い。だから、周りからは失敗がないように見えて、多くの人は「やっぱり成功者は失敗しないものだ」なんて思うんだよ。

でもそうじゃない。どんな成功者も、失敗の連続があって成功するの。

ということがわかったら、今日からスピード勝負だよ。いいこと聞いたらすぐ実行、ほんとにすぐやるの。

ほとんどの人は、聞いて感心するだけだから、そこであなたが動けば、ひとり勝ちなんです。

ただし、めちゃ速い人と自分を比べちゃダメですよ。急にはスピードアップできないから、それやると途端に嫌になっちゃうからね。

いままでの自分より、ちょっとでも早く動けたら◎。ちょっとずつ、一歩ずつ成長すればいいんだ。

第3章

「神に愛され豊かになる」ために、一人さんが大切にしていること

気楽に笑ってる人は
人生からマイッタが消えるよ

どうでもいい
どっちでもいい
どうせうまくいくから

「どうでもいい。どっちでもいい。どうせうまくいくから」

これは、一人さんが特に好きな言葉なんです。こんなふうに思いながら気楽に生きてると、ふつうの人ならマイッタするような場面でも、不思議と起死回生の一手が出てくる。**しかも、ただ解決するだけじゃなくて、それが幸運のきっかけになったりする。とにかくスゴい言葉なの。**

過去、一人さんが重い病気にかかったときも、コロナ禍で世界中が恐怖に陥ったときも、私は本気で「どうでもいい。どっちでもいい。どうせうまくいくから」と思い込んでいました。

おかげで、医者に何度も危ないと言われた命はいまもこうして続いているし、会社だってますます絶好調。つくづく、気楽に生きることの大切さを感じています。

深刻になっても、悪いことが重なるだけで、いいことなんて一つもない。どうせうまくいくんだから、気楽に笑っていこうぜ。

魂は楽しいのが大好きだからね
ダメ波動を出してちゃいけないよ

あなたが楽しめば
周りの魂も共鳴して楽しみ出す

たとえば、子どもが引きこもりだとするじゃない。こういう場合、親はすごく悩むんだよね。自分の育て方がマズかったのか、家庭環境が悪いのかって、ぜんぶ疑いにかかっちゃうの。

なんとか解決したくて原因を探すんだろうけど、こんなふうに負の感情をぐるぐる巡らせてても逆効果なんだよね。あれがダメだったのかな、これもダメなんじゃないかっていう、その「ダメ波動」が、余計に子どもを追い詰めてしまう。

こういうときは、家族の誰でもいいから、1秒でも笑うことがいちばんの解決策です。子どもの引きこもり波動に引っ張られてないで、家族はどんどん外へ出て遊んだらいい。

そしたら、楽しい波動が引きこもりの子にも伝わって、魂が共鳴する。

魂は、もともと愛の波動で、楽しいのが大好きだからね。**自分も外に出て面白いことやってみたいなって、自然に部屋から出てくるはずだよ。**

そのささやかな感覚は天の知恵であり
あなたの魂が望む「本心」だよ

ひらめきはいつも「なんとなく」やってくる

人間には、不思議な直感があります。理由が説明できない「なんとなく」の感覚で、「第六感」とも言われるんだけど。

古い時代の人々は、目に見えない神様や悪いものを直感で察知し、この世界の発展や、自らを守る術《すべ》として活かしてきたんだよね。

思考の忙しい現代人は、この感覚が薄くなっているんだけど、なんとなくの感覚は天の知恵であり、あなたの魂が望む「本心」でもあります。

選ぶべき道を指し示してくれたり、間違ったときは違和感で教えてくれたり。私たちにとって、灯台や命綱みたいなものと言えます。

ふとなにか感じても、多くの人は気にも留めないけど、それって見逃しちゃいけない神のサインです。なんとなくいいなと思ったらチャレンジした方がいいし、なんとなく嫌なムードを感じたら離れて近づかない。

なんとなくって本当にささやかな感覚だけど、そこには人生の重要なヒントが隠されています。アンテナ立てて、しっかりキャッチするんだよ。

相手のなかにいる神様を信じている
だから無条件に相手をゆるせるんだ

「そのままでいい」とゆるせる
これが器の大きい人だね

器の大きい人。そう聞いて、あなたはどんなイメージするかい？　大らかでやさしい、細かいお金にこだわらない……いろいろあると思うし、どれもその通りでしょう。

で、一人さんはどう考えるかって言うと、誰に対しても「そのままでいい」とゆるせる人を指すのだと思います。

我慢強いから相手をゆるせる、とかじゃないの。相手の魂――つまり、相手のなかにいる神様を信じているから、最初からゆるしている。

器の大きい人は、「人はみんなそのままで完璧」ということがわかっているから、そもそも人のちょっとした言動でいちいち不快になりません。なにかあったとしても、広い心で人をゆるせます。

もちろん、自分のこともゆるしているから、自分否定なんかしない。

こういう人は、あったかくてやさしいし、包容力もある。だからみんな、器の大きい人にあこがれるし、モテちゃうんだね。

間違った謙虚は相手になめられる
粗末に扱っていいと思われちゃうよ

強くてあったかいのが本当の謙虚です

褒められたときに、「私なんてダメですから」とかって、否定しちゃう人がいるんです。**根っこに自分否定の気持ちがあったり、否定するのが謙虚だと勘違いしていたりするんだろうね。**一般的に、謙虚って「へりくだる」ことを指すから。

でもね、一人さんの解釈はそうじゃない。

自分らしく堂々と生きていて、やさしい心根を持った人。

つまり、強くてあったかいのが、本当の謙虚だと思うわけです。

相手を敬うのに、へりくだる必要はないの。威張らないで、人のことも自分と同じように大切にしていれば、それが最高の謙虚なんじゃないかな。

第一、間違った謙虚は相手になめられることがある。

「頭いいね！」と褒められたのに、「俺はバカですから」なんて返してると、そういう波動になって軽く見られます。「この人は粗末に扱っていいんだな」って、人から大切にされなくなっちゃうよ。

嫌われてる人がなにをしても
裏目に出るだけだからね

人を喜ばせることより
嫌われることをしない

人間関係の話をすると、「人に喜ばれるには、なにをしたらいいか」ということをよく聞かれるので、ズバリお答えします。

実は、なにをするかよりも、「人の嫌がることをしない」のが最大のポイントなんだよね。

グチや泣きごとみたいな、お金をもらっても聞きたくないことばかり言っておいて、それで人に喜ばれることはなんですかって、おかしいの。

大前提として嫌がられてるわけだから、どんないいことをしても、きっとやることなすこと裏目に出ちゃうだろうね。それでは、ますます嫌われるだけなんです。

実際、人気のある人をよく観察してごらん。まず、人の嫌がることをしていないはずだから。しかも、がんばってそうしてるわけじゃない。

自分が好きなことをしていて幸せだから、みんなにも幸せになって欲しくて、自然と人にやさしくなるんだ。

軽いイメージの言葉をつぶやくと
不思議と心が軽くなるんです

「ふわふわ」って唱えると なぜか気持ちが安らいじゃう

深刻に考えるのはやめよう、心を軽くしよう。そう思っても、簡単にできないからみんな苦労するんだよね。無理に明るくしようとすれば、かえって気持ちが落ち込んじゃうしさ。

そんなときは、「ふわふわ」という言葉をつぶやいてごらん。**ふわふわ、ふわふわ、ふわふわ……って、ひたすら唱えるだけでいいから。**

ふわふわという言葉には、いかにも軽くて、楽しそうなイメージがあるでしょ？　空に浮かぶ雲、風船や気球が浮き上がる様子、美味しそうな綿菓子やなんかもそうだね。

言霊というのは、言葉のイメージそのもの。

言葉から受ける印象が、そのまま波動となって言葉に宿るんだよね。

だから、ふわふわって繰り返し唱えていると、それだけで不思議と心が軽くなってくる。

波動の力で気持ちが安らぎ、本当に楽しくなってきますよ。

恐怖心があるのは当たり前
1㎜でも前に足が出たら100点だ

震えながらでも
足を踏み出すことが勇気なんです

勇気って聞くと、恐怖に打ち勝つ、くじけない強さ、意志を貫く、みたいなのを連想しがちなんだけど、そんなハードルの高い勇気なんて一人さんにもありません（笑）。

本当の勇気って、そうじゃないんです。**初めてのことは怖くて当たり前なんだから、ブルブル震えていいし、怯《おび》えながらでもいい。それでも前に踏み出すことを言うの。**ほんの1歩どころか、1㎜でも前に足が出たら、100点。1㎜だって立派な前進で、これはものすごい勇気だよ。

いきなり100m先まで行こうとか、スタートダッシュしなきゃダメだとか思うから、けっきょく1㎜すら前に出られないんです。

そもそも、**恐怖心は重要な感覚で、これが欠けてると大変なの。まったく怖がらない鈍感な人は、無鉄砲な爆走で取り返しのつかない失敗をするかもしれないでしょ？**　その点、怖がりな人は慎重で、大きな失敗をしにくい。周りに迷惑をかけることもないから、人に信頼されやすいんだ。

宇宙の叡智にアクセスするには「極楽主義」になればいい

人の意識は一つの大きな集合体
楽しめば奇跡の知恵が降りてくる

この宇宙には「アカシックレコード」と呼ばれる、知恵の倉庫みたいなものがあると言われます。生物の進化や世界の歴史をはじめ、人間ひとりひとりの記憶もぜんぶここに集まっている。宇宙の始まりからいまに至るまでの、すべての情報がストックされているんだよね。

もちろん、いま生きている私たちの意識もアカシックレコードとつながっている。人の意識って、一つの大きな集合体なの。

たとえば、突然すごいアイデアが浮かんだり、自力ではとうてい書けない文章がスラスラ出てきたりすることがあるんだけど。そういうのは、アカシックレコードからの知恵なんだよね。

宇宙の叡智《えいち》にアクセスするには、「極楽主義」になればいい。お風呂やトイレでひらめく人がいるのは、まさにリラックスした瞬間だからで、**日常的に自分で「楽しむ」「リラックス」を意識していれば、それこそ奇跡の知恵がバンバン降りてくるよ。**

考え方が違っても人を裁かない
お互い「いいね」って認め合おうよ

あなたも正解、あの人も正解
間違った意見はないよ

人を裁けるのは、神様だけです。ただ、大勢の人間が同じ社会で生きるにはルールが必要で、それを破らないように線引きをする必要もある。

だから裁判所が存在するし、裁判官がいるんだよね。でも、仮にあなたが裁判官だとしても、裁判の場じゃないところで人を裁くのはダメなの。

裁くって、「こちらが正しい」「あなたは間違っている」ということの決着です。**本当に自分が正しいかどうかわからないのに、上から人を裁いていいわけがありません。**

あなたには、あなたの考えがあって当たり前だし、それはほかの人もみんな同じ。あなたも正解、あの人も正解なの。よほどのことじゃなければ、間違った意見というのはありません。

大事なのは、考え方が違っても認め合えること。ゆるし合えること。

いろんな意見があるから、この星は深みが出て楽しいし、発展もする。全員の考えが同じ世界なんて、少しも面白くないよな。

嫌な相手にはなにか理由がある
憎しみに変わる前に離れるんだよ

感じ悪いやつは
どこまで行っても感じ悪いからね

感じ悪い相手なのに、「あの人にもいいところがある」とかって、我慢する人がいるんです。いいところがあるって言うけど、それホントかい？

嫌な相手には、なにか理由がある。グチや不平不満が多いとか、威張るとか、嫌味っぽいとか。そんな人と一緒にいてもつまらないし、積もり積もった不快感が、いずれ憎しみに変わるだけですよ。

感じ悪いやつは、どこまで行っても感じ悪い。一人さんはそう思います。だから、嫌な相手と一緒にいてはダメなの。

人を憎むって、とんでもないエネルギーを取られちゃうよ。たったひとりのために波動がダダ下がりで、人生を狂わせることになるんです。そうなってから、慌てて離れても遅いからね。

その点、我慢せず早めに距離を取れば、それ以上のしこりが生じることはありません。憎まずに済むから、相手にとってもその方がいい。

ウマの合わない相手から離れるのは、お互いのためなんだ。

ひとりでも堂々と生きたら寛容になる
いずれ素晴らしい友に巡り合えるよ

友達がいなきゃゼロだけど
ロクでもないのと一緒にいると
マイナスになる

友達がいないって、ゼロの状態なんです。でもね、ゼロは寂しいからってロクでもないのと付き合うと、マイナスになっちゃうの。

波動はかけ算みたいなもので、自分の世界にひとりでもマイナスの人がいると、いくらほかでプラスになることをしても、幸福度は全然上がりません。ずっとマイナスのままなんです。

ミカンだってさ、段ボールのなかで1個でも腐ったのがあると、すぐにそれを取り出すじゃない。そのまま放置してると、新鮮なミカンまで腐らせちゃうんだよね。それと同じなの。

だったら、自分ひとりでいた方がよっぽどいいよな。ゼロからスタートなら、自分がどんな波動を出すかで、いかようにも現実を変えられるからね。

ひとりでも堂々と生きたら、人はすごく寛容になる。**いつでもひとりに戻れる自信があるから、相手を変えようとしないの。**

で、こういう人は、いずれ素晴らしい友に巡り合えるものだよ。

あなたが我慢していることは
命より大事なものなんですか？

嫌なことはやめていい
逃げていいんだ

小さいときから、周りの大人に「努力しなさい」「我慢しなさい」みたいなことばかり言われて育った人は、大人になっても努力や我慢ばかりするんです。それが当たり前だと思い込んじゃってるんだよね。

だから、どうしようもなく苦しいのに逃げられない。そのせいで心を病み、自殺に追い込まれることだってあるの。一人さんは声を大にして言いたい。あなたが我慢していることは、命より大事なものなんですかって。

心はいったん崩れ出すと、あっという間に闇が深くなる。自分が思う以上に繊細なの。軽くすることを意識していないと、つぶれちゃうんです。

結婚生活が苦しければ離婚した方がいいし、学校や会社がつらい人はやめたらいいの。その場所から離れても全然困らないし、あなたにふさわしい居場所がほかにあるからね。

あなたには、逃げる権利がある。そのカードを絶対に手放しちゃダメだよ。嫌なことからは、何度だって逃げていいんだ。

身軽になれば笑いながら成功できる
現代人は荷物を背負いすぎなんです

肩の荷が軽くなればラクに歩ける
走ることだってできるよ

現代人は、多くのものを背負っています。仕事、家庭の問題、人間関係、健康、お金……それらの悩みをぜんぶひとりで抱えて、苦しみを吐き出すこともできずにいる。そのうえ、周りはさらに肩の荷を乗せてきてさ。

一人さんは、そういう人の肩の荷を下ろしたいんです。私は今世、そのお役目をもらって生まれてきたと思っていて、**だから目の前の人にはいつも、「人生、どうとでもなる」「ふとどき不埒《ふらち》が最高だよ（笑）」とかって、気楽になる言葉ばかりかけるの。**

そうやって1個ずつ荷物を下ろしていくと、相手の顔って本当に変わってくる。肩の荷が減ると、人生をラクに歩けるようになって表情が緩むの。もっと軽くなれば走ることもできるから、楽しくて笑顔になるんです。

一人さんは、「俺は笑いながら大成功した」と言いますが、まさにそれだよな。**身軽でどんどん走れるから、人の何倍も早く、大きな成功をつかめる。楽しくて笑いが止まらないんだ。**

一人さんの使命は女性好き（笑）
それを貫いたから今日の私がある

大好きで絶対にやめられないもの
それがあなたの「使命」

人はそれぞれ、今世やり遂げるべき「使命」を持っています。

と言うと大げさに受け止めちゃう人がいるんだけど、**使命って、みんなが思うよりずっと軽いものだよ。**

たとえば、一人さんは女性が大好き(笑)。そのために仕事をガンガンやるんです。仕事で結果を出せばモテるからね。それに、成功すれば「俺は女性が好きだ〜!」って堂々と言える。仕事もせず女性の話ばかりだと世間様にドン引きされるけど、結果出せば、笑ってゆるされそうでしょ?(笑)

私の使命は、女性好きなんです。

大好きで絶対にやめられないものが使命であり、その使命をまっとうすれば自分が幸せなのはもちろん、会社が成長して雇用を増やすことになったり、税金をいっぱい納めて社会に貢献できたりするの。

だから、オシャレが好きな人は、とことんオシャレを楽しみな。使命を貫こうと思ったら仕事もがんばれるし、自分も周りも幸せになるからね。

自分が夜空の星みたく輝けば
人をワクワクさせられるよ

あなたが光ると
あなたが観光地になるんだ

観光という言葉は、「光を見る（観る）」と書きます。で、観光は自分がどこかへ出かけるものだと思うでしょ？　もちろんそれもあるんだけど、一人さんの考えはそれだけじゃない。

私はね、自分が夜空の星みたく輝いちゃえば、自分自身が観光地になれると思っているんです。**私が光ると、みんなが私を訪ねてくる。**

自分が光るには、魅力をつけたらいいんです。**魂を磨いて磨いて、自分だけの輝きを出すの。つまり、人生を楽しまなきゃいけない。毎日笑って、幸せだなぁって生きることだよ。人に遠慮なんかしてる場合じゃない。**

うちのお弟子さんたちはみんな華やかで、ハッキリ言って私よりはるかに目立つ（笑）。ふつうは、お師匠さんより目立っちゃいけないって控えるんだけど、私は「俺に遠慮しちゃダメだぞ」って言うの。

魅力が出ることは、じゃんじゃんやればいい。うんと目立つ観光地になればいい。観光地って、大勢の人をワクワク幸せにするものだからね。

失敗は成功のタネ
次はもう失敗しないからね

反省はいらないよ
改善すればいいんだ

一人さんはいままで、大勢の人の悩みを聞いてきました。

そのなかでけっこう多いのは、過去の失敗をいつまでも引きずってるケースなんです。あんな失敗をした自分がゆるせない、とかって。

悔やむ気持ちはわかるけど、いくらボヤいても、失敗した過去は変えられないの。しかも、その暗い波動で未来の明るい芽まで摘んでしまいます。

というか、大きな目で見たら、世の中に失敗なんてないからね。

その失敗があったおかげで、もう同じ間違いはしなくなる。そう思ったら、失敗は成功のタネだよ。

人生に、反省や後悔はいりません。うまくいかないときは、その原因を見つけて改善すればいいだけです。そう言っても、真面目なあなたは反省するだろうから、反省しないぞって決めちゃうぐらいでちょうどいい（笑）。

あなたは幸せになるために生まれてきたんだから、反省や後悔の人生を生きちゃいけないよ。

Column 3

あまりパッとしない人がなぜか大成功してたらきっとその家には「福の神」がいるんだね

失礼を承知で言うんだけど(笑)。たまに、あまりパッとしないのに、なぜか大成功してる人がいるんです。そういう場合は、間違いなく、その人の家に「福の神」がいる。

たいていは、その人の奥さん(旦那さん)なんだよね。で、たとえば奥さんが福の神だとして、いったいどういう奥さんなのかと言うと。

まず、とにかく機嫌がいいんです。太陽みたく明るい。つまり、自由で我慢してないってことだね。

こういう人が家にひとりいるだけで、家族全員の波動が明るい方にグッと引っ張られる。たとえ冴《さ》えない旦那でも（笑）、やることなすこと、なぜかうまくいっちゃうの。もちろん、子どもだっていい波動になるから、放っておいても、健やかにたくましく育ちます。

福の神がいると、近くにいる人まで、ツイてツイてツキまくっちゃうの。ホントなんだ。

ふつうの人はさ、すぐ「家族のために我慢」って言う。それ、間違いだからね。家族のためを思うなら、なおさら我慢はダメなの。

遊ぶことに罪悪感を抱き、ちょっとのオシャレすらできないその我慢が、実は家族の足をいちばん引っ張っているんだ。

でもね、そういう人が自分を大切にし出すとスゴいよ。それこそ振り幅が大きくて、家族みんなの人生に大革命が起きちゃうだろうね（笑）。

第4章

「困ったことをなくす」ために、一人さんがやってきた発想の転換

強気でガンガン押し返せば
ストレスに負けなくなるよ

「圧！ 圧！ 圧！」
「強気！ 強気！ 強気！」

ストレスのない世の中はありません。でも、ストレスを我慢しなきゃいけないわけじゃないんだよね。

一人さんの対処法は、「圧」を上げるの。ストレスって、外から圧がかかるから苦しいわけでしょ？　だったら、こっちはもっと上をいく圧で、それを跳ね返せばいい。**深海魚が水圧に負けないように、自分が強気でガンガン圧を出せば、ストレスに押しつぶされません。**

やり方は簡単だから、誰にでもできるよ。

「圧！　圧！　圧！」

「強気！　強気！　強気！」

毎日、100回でも1000回でも、この言葉を言ってごらん。その言霊で、本当に圧が強くなるから。

ストレスでつらいときは、心が弱ってるの。エネルギーを奪われ、圧が抜けてるのが原因だから、言霊でそれを補ってあげたらいいんだ。

俺に英語は必要ない
お説教は聞き流したね（笑）

淡水魚と海水魚は住む場所が違う
それぞれの道を突き進めばいいんだ

学生時代、ある先生に言われたの。「斎藤君は英語ができないな」って。いくら先生でも失礼な話で、ふつうの子なら自信を失っちゃうよ。ただ、そこは一人さんだからね。心のなかでは「(英語なんて)いらないけど?」って、お説教なんて右から左に聞き流したね(笑)。

英語は、私にとって不要な学問なの。苦手な英語を勉強するより、自分の好きなことをしたいんです。自分はそれで成功すると昔から信じていたから、英語のできない自分に100%自信があったんだ。

もちろん、英語が好きな人は、英語の道を突き進めばいいんだよ。でも、一人さんはそうじゃない。淡水魚と海水魚が同じ場所で生きられないように、私は勉強を無理強いされたくないの。学生だからって、一緒くたに勉強させられたんじゃたまんないよな(笑)。

英語が必要なときは、通訳を頼めば解決する。で、そんな場面が出てきたら、私には間違いなく、最高に優秀な通訳がついてくれるだろうね。

うまくいってないことは
数に関係なく不正解なんです

数が多いからって
正解とは限らないよ

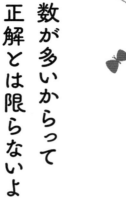

世の中で、大多数の人が「こういうものだ」と思ってることは、それが正解のような気がするんです。でも、数が多いだけで正解とは限らないし、間違ってることもたくさんあるよ。

実際に、世間の常識通りに生きている人で、どれだけの人が成功し、幸せになっているか見てみたらすぐわかる。数が多いのが正解なら、世間のほとんどの人が成功してないとおかしいでしょ？　うまくいってないことは、数に関係なく不正解なの。

成功者ってさ、全体で見たときの割合は低いから、みんな「自分には無理だ」って思い込むんだけど、ひとりでも成功者がいれば、自分だって成功する可能性がある。あなたなら、もっと上を目指せるかもしれません。

それを、多くの人が選ぶ道を正しいと錯覚し、「どうせ失敗するから」って挑戦しないでいると、成功するはずの未来が消えてしまうんだ。

成長の芽を自ら摘むなんて、これほどもったいないことはないよね。

成功してもカッコつけない
ふとどき不埒だから成功し続けるんだ

真面目や立派の魔が差した途端
転げ落ちちゃうよ（笑）

一人さんの座右の銘は、「ふとどき不埒」なんです（笑）。そんなふざけたこと言ってて大丈夫なんですかって？　こうじゃなきゃ私は成功してなかったと思うよ。もし成功しても、それが長くは続いてなかっただろう。

だから、私はお弟子さんたちにも「真面目」「立派」を禁止しています。

日本人は根が真面目で、立派を求めるところがあるんだけど、それって自己犠牲だということを知らなきゃいけない。**真面目や立派を優先するあまり、自分のことを粗末にしちゃダメなの。それが人生を狂わせるんだ。**

でね、最初は「そうか」って不真面目でいくんだけど、ちょっと成功すると、急に真面目なことを言い出す人がいて。成功すれば人前に立つことも増えるから、「そうチャラいことも言ってられないな」とかって、カッコつけだす。真面目や立派の魔が差すわけ（笑）。そうすると、成功したはずが業績急降下……みたいな現象が出てきて、転げ落ちちゃうからね。

真面目や立派は、生涯、禁止（笑）。楽しく、楽しく。

飽きっぽいのは最高の才能です

飽きるって神様の修了証だからね
違うなと思ったら迷わず次だよ

私は飽きっぽくてダメなんです、という人がいるの。そういう人に言いたい。飽きっぽいのは最高の才能だから、大事にするんだよ。

飽きるって、神様の「修了証」なの。**いまのステージではもう十分に習得したから、次の挑戦をするときが来たんだよね。**人間は成長するのが自然だから、いつまでも飽きないことの方がおかしいぐらいなの。

世間では、飽きっぽいのはこらえ性がないと悪く言われるけど、それは間違った常識で、飽きたらやめるのが正解なんです。

飽きっぽい人は、違うなと思ったら、即座にやめて次に進みます。行動が早いから、間違ったときもすぐ方向転換して大きなミスにならないし、自分の好きな道、向いてる道を見つけるのも早い。**間違ってるのに「粘り強く……」なんて耐えてるだけじゃや、ちっとも前に進まないよ。**

ちなみに、一人さんは日本一飽きっぽい(笑)。だからこそ、納税日本一にもなれたんだね。

カメがウサギに勝っても
いばらの道が待っている

苦手なことで勝負しちゃいけない
得意な分野に持ち込むんだよ

ウサギとカメが、かけっこで勝負する昔話があるでしょ？　油断したウサギが昼寝してる間に、カメがゴールしちゃうってアレ。

これね、「苦手なことも努力すれば報われる」のが学びだと、みんな思ってるんだけど、ハッキリ言ってそんな教えはウソです（笑）。

カメは、かけっこで勝負なんかしちゃダメなんだよ。勝負するなら、得意の泳ぎに持ち込まなきゃ。しかも、思いがけずウサギに勝ったもんだから、これからいばらの道が待ってるの。

ウサギに勝ったカメは、みんなに称賛され、次もかけっこで勝ちたいと思います。ところが、ウサギは負けた経験から学んで、もう油断しない。

つまり、カメは二度と勝てないうえに、「やっぱり自分はダメなんだ」って自己否定に走り、人生ガタガタになっちゃうんです。

あの話は、もっと広い視野で読まなきゃいけない。**勝ったカメは大ゾンをしたのであって、トクしたのはウサギだったんだ。**

人生を動かすのは「欲」という馬力です

欲は神様がくっつけてくれた宝物
生きる力そのものだよ

女性の可愛らしさってたくさんあるんだけど、なかでも私は、女性の欲張りなところがいちばん可愛い（笑）。バッグでも宝石でも、次から次に欲しくなっちゃうでしょ？　しまいには、お店ごと欲しいとかって（笑）。

欲は、生きる力そのものです。車で言えばガソリンみたいなもの（電気自動車の場合は電気）で、人生を動かす馬力になる。それが満タンの女性は、すごく魅力的なんです。

日本では、欲を悪いものだと思ってる人が多いけど、それって大間違いだよ。モテたい、お金が欲しい、なんでもいいんだけど、欲がないと、ちょっと壁が出てきただけでへこたれちゃうの。

その点、欲の強い人は「このぐらい余裕だ。乗り越えたらモテるぞ〜♪」とかって、楽しく挑める。勇ましいんだよね。

欲は、人間がこの世界でたくましく、楽しく生きるために必要なものです。神様がくっつけてくれた宝物なんだ。

さりげない親切がいい
たちまち人気が出ちゃうよ

気軽にできる小さな親切こそ
大きな見返りがあるんです

親切を大げさにとらえる必要はないんです。人の命を救うとか、迷子の子どもを保護するとか、特別な親切をしてあげたい場面って、そうそう日常生活に出てくるものじゃないでしょ？

圧倒的に多いのは、小さな親切なの。ハンカチを落とした人がいたら拾ってあげる。車を運転してるときに「どうぞお先に」って譲り合う。入ったお店が混雑してきたら、長居しないで席を立つ。そんな程度のことです。

だけど、ささやかなことでも、してもらった人はすごくうれしい。心がふわっと包まれるみたいでさ。喜ばれたら、自分だってうれしいじゃない。

世の中には、小さなことは見て見ぬふりをするとか、そもそも気付きもしない人だって多いの。そのなかで行動すれば、いい意味で目立つし、あなたの株も上がる。たちまち人気が出ちゃうだろうね。

小さな親切なら義務感みたいなものもないし、気軽に行動できる。それでいて、やったことの何倍も効果があるのが、さりげない親切なんだ。

「なんとかなる」と思えば本当になんとかなる

なんとかなると言ってる人に
悩み苦しむイメージはないよね

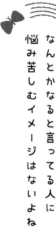

考えてみて欲しいんです。あなたの目の前にいる人が、深い悩みを抱えているんだよね。生きる希望を見失っちゃうぐらいの。

で、あなたに相談してるわけだけど、その人、言葉尻にちょいちょい「まぁ、なんとかなる」って挟むわけ（笑）。それ聞いて、どう思うかい？

その人が抱えているのは、ふつうなら自殺でもしかねない重大な問題なんだけど、本人が「なんとかなる」と言うんだから、大丈夫だろうなって思うんじゃないだろうか。

これね、本当にその通りなの。「なんとかなる」と言ってる人は、なんとかなる波動になってくるんです。そしたら、なんとかなる未来しか出てきようがないでしょ？

だからね、もしあなたがなにかハンデや悩みを持っていても、「なんとかなる」と思って明るく生きるんだよ。そう思ってたら、絶対なんとかなるからね。

人のことよりまず自分
順番を間違えちゃいけないんだ

ボランティアの前に
あなたはうるおってるかい？

ボランティアって、言うまでもなく素晴らしい。愛がなきゃできないことだよね。ただ、自分が満たされていないのに、ボランティアに精を出すのは順番が違うの。

神様は、自己犠牲なんて望みません。

ボランティアは、あくまでも自分がうるおった後の余力とか、あふれた愛で奉仕するものです。**自分が枯渇してる場合は、人のお世話をしてる場合じゃないし、そういう人ほど、「やってあげてる」感とか、感謝を求めるとか、そういうのが出てくるんじゃないかな。**

苦しい波動の人は、なにをやっても苦しい結果になります。せっかくのボランティアも、苦しいものになっちゃうんだよね。そういう人に助けてもらっても、相手だって不快だろうし、ありがた迷惑になってしまえば、本末転倒でしょ？

大事なのは、まず自分が幸せであること。そこを忘れちゃいけないよ。

人の言うことを聞くために生まれてきたわけじゃない

誰かの言いなりになって
出世した人は見たことがないよ

一人さんは、人に従ったことがないんです。もちろん、自分がそうしたいことなら従うけど、嫌なことや、道理に合わないことは、誰がなんと言おうと聞かない。絶対にね。

私たちは、人の言うことを聞くために生まれてきたわけじゃないんです。自分の意見を言ったり、好きなことを自由に楽しんだりするために、この肉体をもらって地球に来たんだよね。

その証拠に、誰かの言いなりで出世した人を、私は見たことがありません。**いっときは成功したように見えても、自分を殺しながら生きてる人は、必ずどこかで躓《つまず》きます。本当なの。**

世間の人は、なんやかやとあなたを脅してくるだろう。「人の言うことを聞かないとソンするよ」とかって。その脅しがすでに恐怖だし、恐怖から出るものは恐怖しかない。脅し文句は、絶対に聞いちゃいけません。

人生は自分のものだからね。あなたの情熱に従って動けばいいんだ。

子どもや部下を育てたかったら
余計な干渉をしないことだね

成長しない方が不自然
放っておけば勝手に育つよ

神様は、この世を進化し続けるようにつくりました。

命あるものは、成長、発展するのが自然で、放っておけばどんどん大きくなる。横から干渉する方が、成長を妨げちゃうんだよね。

山の木々にしても、自然に伸びて力強く生きています。盆栽みたく、いじくりまわされてる木はありません。屋久杉なんて、放っておいたからあれだけの巨木に育ったし、そのエネルギーたるやすさまじい。写真を見ただけでも、生命力を感じて胸を打たれるの。

人間も同じです。子どもでも部下でも、過剰な世話を焼かないでいると、自然に伸びていくんだよ。**それを、「こうなって欲しい」「立派に育ってもらいたい」とかって、いじくりまわすからおかしなことになる。**

人は、成長するのがうれしいものだし、放っておけば、自分から学ぼうとします。**神様がそういうふうにつくってくれてるんだから、安心して自然の流れにまかせておけばいいよ。**

神的なひらめきって「がんばらない」から出てくる

心が軽いときに出たひらめきは
努力なしにうまくいく神の知恵

アイデアを絞り出そうとしてもなに一つ浮かばないのに、あきらめてお風呂に入った途端ひらめいた。そんなことって、よくあるんだよね。トイレでぼんやりしてるときに、パッと名案が浮かぶとかさ。

神的《かみてき》なひらめきは、リラックスしなきゃ出てきません。**神様は私たちに、努力よりも楽しむことを求めているから、力んでるときは「そうじゃないんだよなぁ」って、あんまりいい知恵を降ろしてくれない（笑）。**

いっぽう、心がふわっと軽くなると、「そう、それだよ！」っていう合図の代わりにご褒美《ほうび》をくれる。これが神的なひらめきで、努力なしにとんでもなくうまくいっちゃう知恵なんです。

もちろん、人間はがんばってアイデアを出すこともできるけど、**努力から出たものは、努力しなきゃうまくいかないの。**しかも、成果の大きさは神的なアイデアと比べるとずいぶん小さいんだよね。

がんばらない方が、神に応援されてうまくいく。それがこの世界だよ。

うまくいかないときは
ちょっと頭をひねってみな

空手の瓦割りでさ
割れなきゃトンカチで叩くの(笑)

いつもうまくいかないように感じる人ってね、思考が凝り固まっているんだと思います。うまくいく道を探さないで、いつまでも同じ考え方でいるから、失敗が続いちゃうの。間違った道にいながら、力業《ちからわざ》でどうにかしようったって無理ですよ。

あなたに必要なのは、発想の転換なの。

一人さんはよく、「人間は知恵の生き物だよ」と言います。ダメなときはちょっと頭をひねってみるんだよって、そういう意味なんだよね。

なにも、難しいことをしろと言ってるわけじゃないの。たとえば、空手の瓦割りでさ、10枚があなたの限界だとするじゃない。11枚割りたいときに、もっと修行を積むのはふつうの人。一人さんだったら、トンカチを持ってきて叩くよ（笑）。一瞬で問題解決するでしょ？

自力でできないことは、がんばるのではなく、人やモノの力を借りたらいい。ズルじゃないの、それが賢いやり方ですよ。

変な人になっちゃうと相手の反応が全然違ってくる

人と衝突することなく意見を認めてもらえる秘策がある

自分の意見はしっかり表明しつつ、場の空気も和む、いい方法があるんです。それは、「自分が変な人になっちゃう」ことなの（笑）。

一人さんが初めて本を出したときの話なんだけど。我慢はダメ、努力しちゃいけない、苦労はなんの役にも立たないって、そんなことばかり書いたんです。いまでこそ同じようなことを言う人も増えたけど、当時は私ぐらいなものでさ（笑）。たいていの本には、偉い人や有名人が、「苦労の末に成功した」とかって書いてある。私の考えと真逆なんです。

でもね、その人たちの意見も正しい。むろん、私の考えも正しい。

それで一人さんは、自分の本に『変な人の書いた成功法則』というタイトルをつけました。結果、私の意見は大勢から受け入れてもらえたの。

斬新な意見は特に、聞く人が否定されたような不快感を覚え、衝突することがある。**でも、こちらが先に「私は変な人です」と言っちゃえば、周りは安心するの。反応が全然違ってきて、認められやすくなるんだ。**

神が望むのは「清く豊か」清く貧しくは嘘っぱちだ

心が豊かできれいな人ほど
お金やモノに困らないのが似合うよ

日本では、なぜか昔から、「清貧《せいひん》」がよしとされてきた。お金を派手に使うのはみっともない。モノが多いと心の豊かさが損なわれるから、質素な暮らしをすべきだ。そんなイメージが植え付けられてるの。

でも、一人さん的には、貧しいのが美しいなんて違和感しかない。神様は、豊かで楽しいのが好き。人間に「清く豊か」を求めています。

お金を貯めるのが好きな人は、使わないでいるのが正しい。**けど、お金を使って自分を楽しませたい人に、「派手に使うのはみっともない」なんて、そんなこと言う方がどうかしてるの。自分のお金をどう使おうが自由だし、自由に生きてこそ心も豊かになるものだよ。**

私はね、心が豊かできれいな人ほど、お金やモノに困らないのが似合うと思います。**清い人は貧しいものだって言う人がいるけど、貧《ひん》すれば鈍《どん》するという言葉があるように、貧しい方が清らかさとは縁遠くなる。**

心もお金も豊かな方が、悪事や争いごとがないんじゃないかな。

心にゆとりができれば好奇心って自然に生まれるよ

不安や恐れは大事な感覚だけど
過剰に背負いこんでないかい?

人は、心に余裕ができたときに、初めて好奇心が生まれるようになっています。**好奇心は人生を豊かにする大切な感覚だけど、それがなくても命にかかわることはありません。**だから、生物としては後回しで、心のスペースができたときにしか好奇心は出てこないの。

それに対し、不安や恐れは命に直結します。身の危険が迫ったときって、不安や恐れが湧くから、身構えたり逃げたりできる。不安も恐れも感じなかったら、逃げようと思わないし、命だって危ないよね。

そんな仕組みがあるから、不安や恐れで心がいっぱいのときは、いくら好奇心を持ちたくても無理なんです。ただ、現代人は過剰に不安や恐れを感じる傾向があるから、そこは少し自分で調節する必要がある。

つまり、意識的に我慢や苦労をやめることだよ。

肩の荷を下ろして心にゆとりができれば、空いたスペースに自然と好奇心が湧くし、夢だって見つかりますよ。

「厄年＝飛躍年」厄年がきたらお祝いだ

人生の大幸運期
それが厄年の真実です

厄年《やくどし》には災いが起きやすいという、古くからの言い伝えがあり、厄年がくると神社でお祓《はら》いを受ける人もいます。そして、運気が落ちないよう、悪いことが起きないようにって、静かに厄年を過ごす。

そのなかで、一人さんはやっぱり真逆をいく。どういうことですかって言うと、厄年がきたら盛大にお祝いしちゃうんだよね（笑）。

私は、厄年って「飛躍年（ひやくどし）」だと思っています。「厄＝躍」の大幸運期に入ったという認識だから、とんでもなくワクワクするの。で、そう思っていると、実際にその通りになる。**一人さんも、お弟子さんたちもみんな、厄年にはいつも以上に活躍しました。**

そもそも、厄年になにか明確な根拠があるなんて聞いたこともない。なのに、なぜ悪い話を信じるんだいってことなの。

いい話だったらとことん信じたらいいけど、自分に都合の悪いことは、右から左に受け流すのが正解ですよ。

Column 4

「あなたはお金に苦労する」占い師に言われて、こう返したの「俺の場合はこの手相でじゅうぶんだ」

昔ね、ある占い師に手相を見せて欲しいと頼まれたの。そしたら、あろうことか「あなたは一生お金を持てません」「お金に苦労します」なんて言われたわけ（笑）。

ふつうはムッとする場面だけど、一人さんは笑い飛ばした。

「お前さんがこの手相だとしたら、お金に恵まれないかもしれない。けど、俺だったらこの手相でじゅうぶんだ」

私は、人のいかなる言葉にも心を乱されないの。自分の未来に、一瞬も不安を覚えないいんだよね。たとえ「最悪の手相です」と言われても、まったく気にしません。

それどころか、イマイチな手相だと言われたら、その手相でどこまで出世するか勝負してやろうって、ガゼンやる気になる（笑）。で、実際に納税日本一になったわけだから、これは完全に一人さんの勝利だね。

私にかかれば、なんでも面白いゲームになっちゃうんです。

占いもいいけどね、信じるんだったら、いいことだけにしな。悪い話は、いかなる内容でも受取拒否だよ。悪い内容に振り回されるぐらいなら、最初から占いに頼っちゃいけないの。

こういうのは、あくまでも遊びの一つとして楽しむもので、人生をかけることではありません。

人生をかけていいのは、自分の「好き」という情熱だけだよ。

第5章

「奇跡を起こす」ために、一人さんがしてきたこと

苦労と成功はまったく関係ない

最初から正しい道を進めば
余分な苦労をせず成功したんです

昔、『おしん』という ドラマ（1983年のNHK連続テレビ小説）が大ヒットしたんです。子どものときから泣けちゃうぐらい苦労し続けた女性が、やがて成功する話でね。不遇に負けない辛抱強さは美しい。苦労したから成功した。それが、多くの人の認識だったと思います。

水を差すようでごめんなさいだけど、一人さんは、おしん（主人公の女性）の苦労と成功は、まったく関係ないと断言します（笑）。おしんはスーパーの経営で成功したんだけど、あれは、苦労したからうまくいったわけじゃないんです。

苦労は、神様からの「それは間違いだよ」というサインなの。それを正せば問題は消えます。つまり、苦労のおかげで成功したように見えるのは、苦労によって学んだ結果、正しい道に進んだからだね。もし、おしんが最初から我慢しないで正しい道を進んでいたら、あんな苦労はしてない。

楽しく成功して、それこそ根性ドラマにはならなかっただろうね（笑）。

仕事は人生をかけた大勝負
こんなワクワクするものはないね

私は仕事が大好きです
仕事って本当に面白いんです

働くって、自分ひとりの問題じゃないんです。会社員だったら、ミスで巨額の損失を出すと会社や仲間に迷惑がかかります。自分で商売をしても、つぎ込んだ資金が飛んじゃえば破産なんてこともありうるし、取引先やお客さんを困らせることにもなる。無責任なことはできないよね。

それをプレッシャーに感じる人もいるんだけど、一人さんは、逆に楽しんじゃうの。絶対に負けられない、人生がかかった大勝負だけど、ゲームみたく楽しんでる自分がいるわけです。

特に、一人さんの場合は自分の会社だから、大きなお金を自分に投資しているのと同じ。勝てばドカンとご褒美がもらえるから、これほど面白い賭けはありません。競馬やパチンコなんて目じゃないよ。

仕事をしていれば、大なり小なりトラブルはあります。でもね、知恵を出してクリアするのは本当に楽しいよ。それに、一人さんは自分ほどよく走る馬はいないと思っている。だから、私は自分に賭けるんだ。

簡単を極めるから
その道で成功するんだ

あなたにとっての「簡単」
それが正しい道なんです

算数でさ、簡単な足し算もできないのに、いきなりかけ算や割り算ができるわけないよね。まずは一ケタの足し算や引き算を練習して、できるようになったら二ケタに挑戦して……みたいな段階を踏まなきゃいけない。

それを、「あの人はかけ算やってるから」とかって、一足飛びに真似しようとしても無理だよね。難しすぎて、算数が嫌いになっちゃうだけだと思います。

なんでも、自分が簡単にできることから挑戦するしかない。簡単なことだったら、次にちょっと難度を上げても、少し練習すればできるようになる。そしたらうれしいし、嫌にならずに続くよね。

だから、周りに「こんな簡単なこともできないの?」なんて言われても、惑《まど》わされちゃいけないよ。そんな嫌味を言うやつの方がおかしいんだ。

あなたにとって簡単なことが、正しい道。で、簡単を極めるから、その道で成功するんだ。

商売には美学がある
道理に外れると廃れちゃうよ

かかわる人全員が喜ぶ「四方よし」を極めてごらん

商売には、美学というものがあるんです。計算だけしてたらうまくいくわけじゃない。**やっていいこと、ダメなこと、それをちゃんと押さえておかなきゃいけないの。**

これは会社員にも通じることだけど、いかなるときも愛が必要で、「四方《しほう》よし」の道理に外れたことをすると、たちまち経営が傾いちゃうんです。

四方よしというのは、「自分」「お客さん」「社員や取引先」「世間」の四方向すべてにメリットがある商売のことです。自分が儲からないのもダメだけど、社員を不当に安い給料でこき使うとか、取引先の商品を買い叩くなんて言語道断。いくら価格を下げてお客さんに喜んでもらえても、こんなことやってるようじゃ、商売は廃《すた》れるよ。**全員が儲かり、みんなが快く仕事できるから長く続くし、それでこそ世間の信頼だって厚くなるんだ。**

かかわる人全員が喜ぶ、「四方よし」を極めてごらん。神様から超特大のマルがもらえて、それこそ大成功しちゃうよ。

どんな大木だって
最初は小さなタネから始まる

「微差の大差」ってあるの
小さなことを積み重ねるんだよ

パナソニックを創業した松下幸之助《まつしたこうのすけ》さんは、最初、自転車屋の丁稚《でっち》だったの。そこから、小さな努力を積み重ねて、あれだけの企業を育て上げた。

こういうのを、「微差の大差」って言うんだよね。一つひとつは取るに足らないような進歩に見えても、それを疎《おろそ》かにせず積み上げたら、とんでもない成功を収めることができるの。

うまくいかない人はね、目標が高すぎるんだと思うよ。最初から大きなことをしようとしても、知識も資金も能力も、なにからなにまで足りない。

足りない人がなにをやっても、成功できないのは当たり前なんです。

お店でもなんでも、まずは小さく始める。それで、経営しながら腕を磨き、知識を増やし、お金を貯めて、次はもうちょっと大きく、その次はさらに大きく……って、無理せずだんだんに大きくするのが肝《きも》なんだ。

どんな大木でも、最初は小さなタネから始まる。微差を大切にしながら一歩一歩進んでいけば、いずれ必ず大差がつくんだ。

アテにできるものがあるのは
それを使っていいということだよ

遺産に七光り
あるものを使ってなにが悪いんだい？

親の財産がもらえるとか、強力な七光《ななひか》りがあるとか、それがあなたにあるということは、使っていいですよってことなの。特に親の場合、子どものためになにかしてやりたくてしょうがない。**それを、「親に頼るのはみっともない」なんて断られる方が困っちゃうんです。**

会社でもさ、コネ入社は批判されるけど、コネだろうが正規入社だろうが、魅力や実力があるんだったらどっちでもいい。**で、魅力も実力もないんだとしたら、そんな人は仕事も任されないだろうし、自然と居心地が悪くなって自ら去っていくと思います。**

お金でも人脈でも、ないものはアテにできないけど、アテにできるのにそれを利用してなにが悪いんだい?

私にはなにもないと言う人には、別のところで学びやチャンスがある。

人を妬《ねた》むより、自分にあるもので勝負しな。それがあなたの魂を磨き上げるいちばんの方法ですよ。

同じレベルだから嫉妬する
あなたにもチャンスがあるんだ

近い人の幸運は「次はあなたの番」というお知らせ

周りの人にいいことが起きたとき、嫉妬に苦しむ人がいるの。素直に喜んであげたいのに、心が言うことを聞かないってこともあると思います。

こういう嫉妬、一人さん的にはすごくもったいない。だって、嫉妬は「自分もそこに近い」から出てくるのであって、かけ離れた相手には嫉妬なんてしようがないからね。

ふつうの人は、プロボクサーが世界チャンピオンになっても、嫉妬なんてしないでしょ？　だけど、同レベルぐらいのプロボクサーだったら、その人にも実力があるわけだから、悔しくて嫉妬するんじゃないかな。

つまり、嫉妬の感情が湧くのは「自分にもそれができる」ことの証《あかし》であり、あなたの波動しだいでは、それが本当に手に入るチャンスなんです。

近い人に幸運が起きたのは、もうすぐそれがあなたにも起きる。そんなお知らせだから、**嫉妬するより一緒に思い切り喜びな。**

そうすれば波動がグンと上がって、望んだ以上の未来が訪れるよ。

その道の実力というのは
魅力があれば後からついてくる

豊かになりたかったら
魅力をつけることに全力投球だ

お金さえあればいいってわけじゃないけど、幸せになるには、やっぱりお金は必要なんです。ないより、あった方がいいに決まってるよね。

じゃあ、どうやったらお金が入ってくるんですかって言うと、自分が魅力的になるしかないんです。

もちろん、豊かになるには「その道の実力」があるのは大前提なんだけど、その大前提も、最初はいらないの。とにかく、まずは魅力をつけることに全力投球するんです。

なぜかと言うと、魅力がある人は周りが放っておかないからね。

実力のある人があなたの魅力に惚れ込んで、「あなたを成功させたい」ってサポートしてくれるの。だから、あなたはそのサポートを受けながら、ゆっくり実力をつけていけばいい。実力者のやり方を真似してたら、そのうち自分なりのアイデアなんかも出てきて、能力が積み上がっていくの。

で、魅力と実力が揃ったときに、無敵の人生ができあがるんだ。

愛を浴びて育った子は
自分で幸せな人生をつくっていく

愛を持って見守る
褒めちぎる
大事なのはその2点です

子どもは、あなたと同じ神の子です。魂レベルとしては、むしろ大人のあなたよりずっと上をいく。この世界は進化するようになっているから、遅く生まれた人の方が進んでるの。子どもだって間違えば自分でわかるし、失敗したときも、そこでちゃんと学ぶんだよね。

親がやるべきことは、この二つだけです。

「愛を持って見守る」

「褒めちぎる」

勘違いしやすいんだけど、「見守る」って、無関心の放置ではありません。余計な手出しをしないだけで、愛があるから子どもの安心感が全然違うの。

そして見守った結果、うまくできてもできなくても、子どもを「最高だよ！」「スゴいね！」って褒めな。それこそ、過剰なぐらいにね（笑）。

褒められ続けた子の自尊心は爆上がりするから、最高に強く、愛のある子に育つ。親の理想よりはるかに幸せな人生を、自分でつくっていくよ。

1000枚の名刺より
いまあなたの隣にいるひとりだよ

目の前の人を大切にする それが人脈づくりの極意

この世界で起きる多くの問題は、人間関係に由来するし、幸せもまた人を介してやってきます。幸不幸のカギは、人間関係にあるんだよね。

いい人脈を持てば、それだけ幸せになる可能性は高いし、幸福度も大きくなります。

多くの人は、人脈づくりは大変なものだと思ってるの。でもそれは、大事な「核」が抜けちゃってるからです。人脈づくりのキホンは、目の前にいる人を大事にすること。いくら名刺が増えても、ここが疎かになってると、スカスカの人脈しかできません。

1000枚の名刺より、いまあなたの隣にいるひとりなんだよ。その人を徹底的に大切にしてごらん。相手はあなたを信用してくれるから。で、「あなたになら紹介できる」って、別の素敵な人を連れてきてくれるの。

これを続けていくと、4人、8人……って、真に信頼し合える相手が増えてくる。鋼《はがね》のように強力な、「本物」の人脈ができるよ。

やさしく、手短に
これがいちばん効果的なお説教です

一人さんのお説教は「いい話があるからおいで」

人が失敗するときって、それが間違っていると知らないからです。

経験して学べば失敗しなくなるし、もし自分でそれに気付けない人が会社にいたら、上司や先輩が教えてあげたらいい話なの。

ただ、そのときは相手が萎縮しないように気をつけなきゃいけません。

一人さんの場合、注意が必要なときは「いい話があるからおいで」って呼ぶの。で、言うべきことを手短に、そしてやさしく伝えます。

「次から○○はやめような」ぐらいの、簡単な話で十分なんだよね。

なかには感情的に怒る上司がいるけど、あれほどムダなものはない。部下は不快になるだけで、話なんか耳に入らないだろうね。結果、また同じような間違いをしてしまいます。

やさしく言えば相手は安心する。上司を好きになって、「いいことを教わった」と素直に反省もするし、同じミスをしないように自分で気をつけてくれます。この方がよっぽど効果的なんだ。

きれいなもので人を喜ばせたら
本当の豊かさを受け取れるんだ

オシャレをするのは
人のためでもあるんだよ

最低限の清潔感って必要なんです。高価なものは必要ないけど、あんまり汚い見た目だと、やっぱり人に嫌がられるからね。

豊かさもチャンスも、人に嫌われてて得ることはできないんだよ。

でね、清潔感がOKになったら、次は「人を楽しい気分にさせる」ことにも目を向けてごらん。ちょっとオシャレを取り入れるの。

人は、豊かさを感じるもの、美しいものを見ると、ワクワクしたり安心したりするんです。そういう喜びを人に贈るという意味で言えば、オシャレって自分のためだけでなく、人のためでもあるんだよ。

いまどきは、100円ショップでもきれいなアクセサリーが買えるじゃない。経済的な余裕がなくても、そういうのをうまく使えば、いくらでもオシャレはできます。うちのお弟子さんたちもよく、安くても高そうに見えるものはないかって宝探しみたく楽しんでいるけど、こんなふうに自分も人も楽しませる人は、本当の豊かさを受け取れるんだ。

難しすぎても、簡単すぎても面白くない
ほんの少し無理をするのが楽しいんだ

ちょっとだけ難しいから燃える
楽しい挑戦は結果もついてくる

自分にできないことって、楽しくないよね。運動が苦手なのに、「私の趣味はスポーツです」なんて言う人いないでしょ？（笑）

だけど、運動が苦手でもウォーキングが趣味の人はいると思います。歩くだけならハードルが低いし、ちょっとがんばって汗をかけば気持ちいいだろうなってわかる。

人って、いまの自分がほんの少し無理をするだけなら、やる気になるんです。ちょっとがんばればうまくいくし、自分のレベル以上のことができたらうれしい。次はもうちょっとレベルアップしてみようかって、そういう気になるんだよね。

難しすぎると歯が立たなくて面白くないし、すぐにあきらめの気持ちになります。かといって、簡単すぎるのもつまらない。

いちばん燃えるのは「ちょっとだけ難しいこと」で、その挑戦が楽しいから、どんどん行動して、結果的に大きな成果もついてくるんだ。

好きなことはどんなに努力しても
我慢の世界にならないからね

好きなことじゃなきゃ
プロ中のプロにはなれない

一流になるのは難しい。みんなそう思っているかもしれないけど、実はすごく簡単なの。

一流になりたいんだったら、「好き」を極めたらいいんです。なんだそんなことかって、だからあなたは一流じゃないんだね（笑）。

一流を極めた人を見てごらんよ。１００％、自分の好きなことでプロ中のプロになっていきます。野球の大谷《おおたに》翔平《しょうへい》選手が、「僕は野球が嫌いです」なんて言うわけないよな（笑）。

好きなことは努力がいらないの。もちろん、一流を目指すには訓練や研究が必要だけど、好きだからやってて楽しいんです。

どれだけ練習しても苦にならないし、うまくなりたい一心で、明日も、明後日もやりたいって思う。それは決して、我慢の世界じゃない。

あなたも、自分の好きを極めてごらん。努力を努力と感じないぐらい大好きなことをすれば、楽しみながら一流になれますよ。

一人さんは日本に感謝しかない
だからここで豊かにしてもらえたんだ

日本の悪口を言いながら日本で幸せになれるわけないよ

一人さんは、日本が大好きです。だから、いっぱいお金を稼いで、気前よく税金を納めます。もし私が日本を嫌いだったら、とうにこの国から出ているだろうね（笑）。もっと税金の安い国はいくらでもあるんだもの。

だけど、私は日本に感謝しかない。こんなに安全で快適に、楽しく暮らせる場所なのに、文句なんて出てきようがないんです。で、そういう気持ちだから、一人さんはこの日本で豊かにしてもらえたの。

相手が人でも会社でも、お世話になってるのに悪口を言っちゃダメなんです。政治が悪い、社長がムカつく……そんなこと言い出したらキリがない。波動が悪くなって、ますますうまくいかなくなります。

第一、自分が逆の立場ならどうだろう。文句ばかりの人を、引き立てたいと思うかい？　絶対、豊かにしてやるもんかってなるよな（笑）。

日本で幸せになりたかったら、日本を悪く言わない。成功したければ、会社や社長に感謝する。そんなの当たり前のことですよ。

人生に夜なんてない
自分で運気を上げていくんだよ

ツイてる人はいつでもツイてる
チャンスはいつでもつかめる

暦《こよみ》には、大安《たいあん》（なにをしてもうまくいく日）や、一粒万倍日《いちりゅうまんばいび》（1粒の籾《もみ》が万倍に増えるとされる日）といった運気のいい日があるほか、月の満ち欠けにまつわるラッキーデーなんかもあります。また、大殺界《だいさっかい》（特に注意が必要なとき）のような、人生における「夜」もあると言われるよね。

こういうのは参考程度ならいいけど、あまり信じない方がいい。

本来、人はいつでも自分で運気を上げられます。神様は、時代やタイミングに関係なく、いい波動の人にはいつでも幸運をくれるの。

その証拠に、一人さんは日の悪いときだろうが、大殺界だろうが、成功か大成功しかなかった。

ツイてる人は、いつでもツイてるの。

自分がどんな生き方をするかによって、チャンスなんていくらでもつかめちゃうんだよね。

人生に夜なんてない。自分で運気を上げていくんだよ。

Column 5

正直言うと、一人さんは納税日本一になりたかったわけじゃないなにか深い意味があってそうなったんだね

一人さんは、お金が好きなんです。でもそれは、贅沢《ぜいたく》したいとか、見栄を張りたいとかじゃない。

「自分の仕事が世間様に喜ばれた得点」としてうれしいんだよ。お客さんの「ありがとう」と同じだから、お金を受け取ると幸せなだけで、お金そのものに強い興味があるわけではありません。

だから正直、私は納税日本一になりたいと思ったことはありません。

一人さんは目立ちたくないしね（笑）。

ところが、思いがけず納税日本一になってしまった。

しかも、私が「累計納税額」で日本一になった直後に、全国高額納税者番付の公示制度がなくなったんです。

これはどういうことかって言うとね、一人さんが豊かになることは、神の意思だとしか思えないわけです。

じゃあ、なんのためにそうしたか。それは、「みんなが私の話を聞いてくれる」ような肩書が必要だったからだろうね。

神様は、私の言葉を介し、人間に広く伝えたいことがあった。それが、この本でもお伝えしている「宇宙の真実」なんだけど、**ちょっとあやしい話だから（笑）、ふつうの人が話したんじゃ誰も耳を貸さない。**

その点、納税日本一の言うことなら興味を持ってもらいやすいし、話を聞いた人は、実践してみようかって気にもなる。

そんなふうに理解しているから、一人さんは神様の意向を受け、いまもこうして不思議な話をし続けているんだ。

第6章

「運命を好転させる」ために、一人さんが支えにしてきたこと

つらいときはなにもしなくていい
無理に自分を奮い立たせないことだよ

涙が流れるときはこう考えな
今日1日だけ踏ん張ろうって

生きていれば、誰にだって苦しい瞬間はあるものです。はた目には恵まれているように見える人だって、実際には、生きることすらしんどくなる場面があるんじゃないかな。人間だからね、悔しさとか、涙が止まらない日もあって当たり前なんです。

そういうときは、無理に自分を奮い立たせないことだよ。

悲しみにくれる自分をゆるし、「今日だけ、1日だけ踏ん張ろう」って、ただ生きるだけでいい。なにもしなくていいからね。

そうすると、明日がくる。次の日もまた「今日だけ……」と思いながら過ごしていると、ゆっくりだけど調子が戻ってきます。**「日《ひ》にち薬《ぐすり》」と言うように、つらいときは時間が解決してくれるのを待つしかないんだよ。**

でね、少し元気が出てきたら、次は「今日だけ、機嫌よく生きてみよう」って思うの。**そしたら、今日より明るい明日がきて、もっと元気が出てくるからね。ゆっくりでいい、焦っちゃいけないよ。**

出したものが仲間を連れて戻ってくる
人間も、お金やモノも大事にするんだよ

大事にしたものは必ず残る
相手もあなたを大切にしてくれるよ

この世界を動かすのは、波動です。大事にしたものは、波動に守られて必ず残るし、出した波動がこだまのように戻ってくる。相手もあなたを大切にしてくれるんだよね。

一人さんが信頼し合えるいい仲間に恵まれているのも、私が人を大事にしてきたからです。出会う人、出会う人を大事にしていたら、それ以上の愛をくれる人が次々に集まってくれたの。

また、納税日本一になるほどの豊かさを手にしたのも、やっぱり私がお金を大事にしたからです。**自分も人も喜ぶことにお金を使い、支払うときには「おかげで楽しめたよ。ありがとう」って感謝しながら手放す。そうするとお金が喜ぶ。**「この人のところは居心地がいい」って、いっぱい仲間を連れて戻ってきてくれるんだ。

相手を敬い、愛を出してかかわっていると、人間関係も、お金やモノとの関係も円満になる。困ったことが起きなくなるんだ。

なにがあっても
自分だけは自分の味方でいな

人が求めているのは「そうだよね」「わかるよ」の肯定

人はみんな、自分のことをわかってもらいたいんです。

誰だって、否定されると嫌な気持ちになるじゃない？　あれは、魂が嫌がってるんだよね。

私たちはそのままで完璧な存在なのに、人間の世界では、へんてこりんな優劣をつけられたり、レッテルを貼られたり。それは本来、魂にとって不自然なことだから、やっぱり肯定されたい。

なかでも、いちばん認められたいのは、あなた自身の魂です。

躓《つまず》いたとき、うまくいってないときほど、自分に「そうだよね」って寄り添って欲しいし、「わかるよ」ってゆるされたいんだ。

ちょっと考えたらわかるけど、自分にすら見捨てられるって、こんなに悲しいことはありません。

自分以上に自分を知る人、大切にできる人はいないんだから、なにがあっても、自分だけは自分の味方でいるんだよ。

魂が望まないことは
自然の摂理で長く続かない

もがいてもがいて
もうやめようって思う
これが悟りです

大切なものを盗《と》られ、奪った相手を憎み続ける人がいるとします。

そういうとき、「人を恨んでも苦しいだけだよ」なんて言われたって、やめられないいんだよね。自分の心が思い通りにならないからつらいわけで、だったら無理に憎むことをやめなくていいの。

努力してもやめられないことは、行き着くところまで行けばいい。憎んで、憎んで、憎んで……もがき尽くしたら、やがてふと思うの。「こんなこと、もうやめよう」って。

苦しみに根負けするというか、憎むことに疲れて、嫌になっちゃうんだね。人間の魂は幸せになりたがっているから、それに反する生き方は、自然の摂理で長くは続かないの。

でね、実はこれが本当の「悟り」なんです。**こんなに苦しいなら、恨みを捨てた方がマシだ。もういいや。そんな境地に達したとき、人の魂は大きな成長を遂げ、幸せのステージを生きられるようになるんだ。**

恋人は二人以上が鉄則（笑）
軽い方が自分も周りも幸せなの

一つしかないものを
奪い合うから揉めるんだね

誰だって、一つしかないものを取られたら怒るのは当たり前です。失ったときの絶望も大きい。だからこそ、**大切にしているものほど、二つ以上持たなきゃいけないんです。で、その代表例が恋愛なの。**

一人さんに言わせると、世の中の人はどうも真面目すぎる（笑）。

恋人はひとりしかつくっちゃいけないって言うけど、ひとりしかいないから執着するんだよね。何人かいれば、**ひとりや二人にフラれても「まぁいいか」ってなるし、笑顔で別れられるじゃない。こんなに平和なことはない（笑）。**

でも不思議なんだけど、そうやってパッと手を離してあげた相手は、たいてい「やっぱりあなたしかいない」と戻ってきます。**よそに行ったのはいいけど、みんな堅苦しくて重くて、嫌になっちゃうんだね。**

そんなわけで、一人さんには彼女が40人いる（笑）。というのはもちろん冗談だけど、それぐらい軽い気持ちでいた方が、自分も周りも幸せだよねって。そういう話なんだ。

時間は命と同じ
それを嫌なやつに捧げるのかい？

恨みが届くのは100年後
ムダだからやめときな

時間は、命と同じです。1秒経てば、寿命が1秒縮まる。時間をムダにするのって、命を粗末に扱うことに等しいと一人さんは思います。

そんな命の時間を、嫌なやつに捧《ささ》げてしまう人がいる。嫌な相手なら離れたらいいのに、くっついたまま、夜も寝られないぐらい悩んでるんだよね。嫌って、嫌って、やがて呪って、呪って……。

あのね、そんなことしてると、あっという間に寿命がきちゃうよ。

それに残念だけど、いくら呪っても効果はありません。

なぜなら、呪いを相手に届けようと思ったら、最低でも100年かかるからね。「呪い（ノロい）」だけに（笑）。

あなたがいくら呪っても、相手はテレビを見て爆笑してるとか、ビールでも飲んであくびしてるだろうね（笑）。呪うだけ時間のムダなの。

え？　それでもやめられない？　だとしたら、あなた……本当はその人のことが好きなんだね（笑）。

愛のヤスリで磨いてごらん
汚れた石がピカピカに光り出すよ

欠点やコンプレックスは ダイヤモンドの原石なんだ

誰にでも、欠点やコンプレックスはあります。

そして多くの人は、欠点やコンプレックスを悪者にします。忌《い》み嫌い、そこから逃れようとする。

でもね、**天の目で見たら、欠点やコンプレックスってダイヤモンドの原石なの。**あなたが汚いと決めつけているその石ころは、「愛」というヤスリで磨き上げると、とんでもなく光り出す。

これが、あなただけが出せる魅力というものなんです。わかるかい？

整った外見とか頭のよさも、確かに魅力の一つではある。**でもね、欠点やコンプレックスから出てきた魅力には、ほかのどんな魅力も絶対に敵《かな》わない。それぐらい、強烈な輝きを放つのが欠点やコンプレックスです。**

俳優でもさ、コンプレックスを魅力に変えてる人は、そこに立ってるだけで渋みや深みを感じるよな。なんとも言えないカッコよさがある。

この真実を知っても、あなたはまだ自分にダメ出しするかい？

立派に見せるとプレッシャーだよ
堂々と未熟な自分で生きたらいい

昔は未熟だった
いまはもっと未熟
未来はますます未熟

未熟という言葉には、いいイメージがないかもしれません。半人前とか、恥ずかしいこと、劣っている、みたいな。少なくとも、未熟を喜ぶ人はいないんじゃないかな。一人さん以外は(笑)。

私にとって、未熟は最高の言葉なんです。自分のことも、「昔は未熟だった。いまはもっと未熟。未来はますます未熟」そう思っているの。永遠に未熟だし、未熟な自分だから楽しい。

だって、未熟でない人はそこで成長も打ち止めでしょ？　それに対して、**未熟ならまだまだ上へ行ける。未熟だからこそ成長できる。そう思うと、ワクワクが止まらないんだ。**

自分を立派に見せちゃうと、それに見合うように生きなきゃってプレッシャーだし、ちょっと失敗しただけで周りからの評価もガタ落ちなの。

その点、「私は未熟です」と言える人は、ありのままの自分でいられる。気楽に生きられる。未熟な方が、人生って楽しいよ。

魂レベルが違ってくると
一緒にいられなくなるんです

人付き合いは
山みたいなものだね

親しい相手なのに、時間の経過とともに、なぜかウマが合わなくなることがあるんです。これは、「山」にたとえるとすごくわかりやすいの。

山が二つ並んでて、そのうち高い方に登ります。途中で隣の山を見ると、自分が登ってるのと同じぐらいの高さに感じるんだよね。**親しい人との関係は、この「山の途中」と似てるの。**

ところが、あなたが頂上にたどり着いてみると、隣の山が低かったことに気付く。これが、ウマが合わなくなったときのイメージです。

魂が成長し、自分と相手の魂レベルが違ってくると、波動が反発し合うのと同じで一緒にいられなくなる。だから、違和感を覚えるわけです。

そういうときは、罪悪感なんて抱かず、「最近すごく忙しくて」とかって、さりげなく距離をおけばいいよ。

相手の魂がレベルアップすれば、またご縁はつながるものだし、そうじゃない場合でも、それぞれの道を行く方がお互いの幸せだからね。

必要なものは用意されている
困った未来なんて訪れないからね

神がくれるものは無尽蔵
欲しいものはいくらでも手に入るよ

石油があと50年分しかない、間もなくダイヤモンドが採れなくなる、みたいなニュースを見ることがあります。**で、資源が枯渇して大変だって騒ぐ人がいるけど、まったく心配ないんだよね。**

神様は、この世界に必要なものはなんでも出してくれる。富が底をつくことはないし、欲しいものは無尽蔵《むじんぞう》に与えられます。

たとえば、精密機器などに必要なレアメタルってあるじゃない。あれは、近代になって急にできたわけじゃない。大昔から地中にあったんだよね。そのときがきたら使えるように、神様が用意していたものです。

神様は地球の未来をすべて知っていて、未来で必要なものは、人間の準備が整ったらいつでも手に入るようにしてくれています。だから、たとえ石油やダイヤモンドが枯渇したとしても、もっといいものが出てくるよ。

お金にしても、いまより増える。困った未来なんて訪れないから、欲しいものはいくらでも手に入れていいんだ。

どんな言動も本人の問題
周りは愛で見守るしかない

嫌な言動は自分がしないだけで100点

世の中にはいい人の方が多いけど、悪い人もいるんだよね。悪い人というか、未熟なだけで、そういう人もこれから1個ずつ学んでいくの。**魂にいい悪いはないし、どんな人も神の子で、本当は愛の塊だからね。**

ということを念頭に入れておくと、人の嫌な言動に惑わされなくなるんです。理不尽なクレーマーとか、困ってる人がいても知らん顔の人……外に出たら、いろんなことに遭遇する。**でもね、身勝手で思いやりのない人にいちいちモヤモヤしてると、自分の波動が下がってソンするだけです。**

人の言動は、本人の問題なの。それをやるとどうなるか身をもって学ばない限り、いくら周りが注意しても直りません。ただ、周りが愛を出し続けていると、必ずいい影響がある。やかましく注意するより、よっぽど簡単で効果的なんです。

嫌な言動は、自分がしないだけで100点。**人のやることに引っ張られないで、あなたはいつも上気元で笑ってることだよ。**

ひとりひとりが自由に生きてこそ
魂も地球も進化するんだ

魂に男も女もない
「男だから」「女だから」は時代遅れ

最近は、男性でも美容意識が高かったり、女性っぽいファッションを楽しんだりする人が増えているよね。女性の方も、男性のようにカッコよくキメてる人がいる。**そういう人を見かけると、一人さんは「楽しい人が増えてるなぁ」ってうれしくなるんです。**

昔は、人と違う見た目ってだけで揶揄《やゆ》され、批判され、すごく生きづらかったの。けど、いまは個人の自由が広く受け入れられるようになり、**人と違う外見は、「素敵ですね」って、あこがれの対象になることも多い。**

もちろん、一般的な男性らしさ、女性らしさを大事にしたい人は、それでOKです。これも自由な選択の一つだからね。

一人さんが言いたいのは、魂というくくりで見たら、そこに男も女もないよってことなの。家でも学校でも、会社や社会でも、「男だから」「女だから」って縛られるのは、もう時代遅れです。

ひとりひとりが自由に生きてこそ、魂も地球も進化する世界になったんだ。

あなたには、何十年も積み上げてきた
知恵の武器があるんだ

絶対、大丈夫
あなたならうまくやれるよ

あなたの年齢がいくつかはわからないけど、いま40歳の人には、40年という人生のキャリアがあります。70歳だとしたら、70年積み上げてきた知恵がある。**それは絶対にお金で買えないし、あなただから得られた、特別な財産なんだよね。**

で、それだけの能力を携え、今日という1日を生き抜く。今日が終われば、さらに1日分のキャリアが上積みされ、その強力な武器を持って明日が迎えられます。**日ごと、1秒ごとに、レベルアップするんだよね。あなたには、何十年も訓練を重ねてきた、特殊部隊並みの力がある。**

それに対して、幼い子どもやなんかは、数年のキャリアだけで今日を生きなきゃいけないの。3歳の子は、たった3年分の武器しかない。と思うと、あなたはとんでもない知恵者だよ。

どうだい「なんでもドンとかかってこい!」って気にならないかい?(笑)

絶対、大丈夫。あなたならうまくやれるよ。

その不運は神様のお試し
引っかかっちゃダメなんです

もらい事故ってあるからね
いちいち引っ張られないことだよ

いつも暗いことばかり考えている、グチや悪口が多い。そういう人は波動が落ちて、不幸を呼び寄せます。波動の力は絶対だから。

ただ、明るい波動を出していても、自分の波動と関係なく、もらい事故に遭うことってあるんです。これだけツキまくってる一人さんだって、たまには「おっと、困った」みたいな場面も出てくる。

そのときに、「自分の波動が悪かったんだ」「もっと悪いことが起きる序章かも」なんて怖がっちゃいけないんだよね。ただの事故だから。

ある意味、上にいる神様のお試しなの。**「いつも笑ってるのに、なんでこんなことが起きるの!?」っていう出来事で、私たちの本当の魂力《たましいりょく》をテストしてるんだろうね。引っかかっちゃダメなんです。**

ここで気持ちを下に持ってかれちゃう人は、まだまだ修行が足りない。

いっぽう、まったく動じないで「ま、こんなこともあるか」と思える人は、神様に特大の花マルがもらえるんだ。

あの世に帰ったらまた会える
ソウルメイトとは永遠に一緒だよ

魂は「生き通し」
短いお別れだから寂しがらないで

人は死んだ後、肉体から魂が抜けてあの世に行きます。そして、時を経て神様から別の体をもらい、再びこの世に誕生します。

肉体には命の限りがあるけれど、魂は永遠に死ぬことがなく、あの世とこの世を行ったり来たりしているんだよね。

そのことを、「生《い》き通《とお》し」と言います。

また、私たちにはそれぞれソウルメイトがいて、あの世でもこの世でもずっと一緒。**ともに成長し、高め合う存在です。**だから、あなたの大切な人が先に亡くなっても、あの世であなたが帰るのを待ってくれてるの。

今世で深いかかわりのある人は、間違いなくあなたのソウルメイトだから、いつかあなたが死を迎えたとき、またあの世で会える。来世もまた、一緒に生きられるんだ。

大切な人の姿が見えなくなるのはつらいけど、これっきりじゃない。ほんの短いお別れだから、そんなに寂しがらないで。

どんな悲惨な世界でも
人は生きることをあきらめない

戦禍のなか晴れやかに笑う人がいた
俺はそこに神の愛を見たんだ

かつて、日本でも戦争がありました。爆撃で焼け野原となり、筆舌に尽くしがたい光景が広がっていたの。

でもね、そのいっぽうでこんな話もあって。

爆撃の翌日、真っ青な空の下を、晴れ晴れとした顔で歩く人たちがいたんだよね。爆撃の直後、死体がゴロゴロ転がってるような有り様なのに、道行く人が笑ってたんだって。信じられるかい？

どんな悲惨な世界でも、人は決して笑顔を忘れない。生きることも、幸せになることも、本能的にあきらめないのが人間なんだなぁって、一人さんはそこに神の愛を見たの。

明るく笑えば、明日は今日よりよくなる。いい日になる。

ひとりでもそうやって笑う人がいれば、明るい波動が波紋のごとく広がり、周りを笑顔にしていく。その連続があったおかげで、世界はここまで平和になった。**そしてこれから、もっともっと天国に近づくんだ。**

起きることには意味がある
そこに隠された学びを探してごらん

愛する人の死ってつらいけど
そこからしか学べないことがある

お釈迦様の時代の話なんだけど。ある女性が、子どもを病気で亡くしたの。でも、その現実を受け入れられず、母親は町じゅうの人に「薬をくださいと頼んで回ります。それを見たお釈迦様が、「家族をひとりも亡くしてない家で、ケシ（薬用植物）の種をもらってきなさい」と言ったの。

母親は、これで子どもが助かると喜び、町の家を片っ端から訪ねます。**でもね、家族の誰も死んだことがない家なんてありません。**そりゃそうだよね。何年かさかのぼれば、どの家にだって死者はいるから。

それで女性は気付くの。人は誰もが、愛する人との別れを経験する。その絶望を乗り越えて、みんなここで生きているのだと。

自分が愛する人を失って初めて、そういうことを深く学ぶんだよね。

この世界で起きることには、すべて意味がある。愛する人の死はつらいけど、そこからしか学べないことがあるのだと思って探してごらん。

きっと、あなたの救いになる気付きがあると思いますよ。

未来は恐れるものじゃない
ワクワク楽しみに待つものだよ

世界はだんだんよくなる
未来は明るい

この世界が悪くなることはない。それは、宇宙の確かな決まりです。

歴史をさかのぼっても、過去の方が豊かだった時代はなく、人も社会も進化し続けています。人間の運動能力や技術だってどんどん高度になっているし、社会もずいぶん自由になったよね。

もちろん、1～2年ぐらいの短い期間では、上がり下がりもある。でも、10年ぐらいの単位で見たら、**「10年前の方が技術は上だったな」なんてありえないでしょ？**

世界はだんだんよくなっているし、未来は明るい。

それで言うとね、過去の失敗を引きずって「私はなにをやってもダメだ」なんて思う必要はないの。うまくいかなかった過去があったとしても、あなたはもう、そのときのあなたとは別人です。レベルが全然違うんだから、昔の失敗はもう手放しな。

未来は恐れるものじゃない。ワクワク楽しみに待つものだよ。

Column 6

認知症って、神様の深い愛だね

命あるものは、年齢を重ねるにつれ、死が身近になります。とともに、人は死への恐怖心が薄れるんだよね。

年を取ることが恐くなると、楽しく生きられなくなるから、そうならないように神様が配慮してくれているの。

ただ、繊細なタイプの人やなんかは、それでも死ぬことが恐くてたまらない。それはしょうがないんですかって言うと、神様はちゃんと考えてくれていて、認知症にしてくれるんです。

みんな認知症になるのを嫌がるし、自分の親がそうなると、「我が子の顔もわからなくなって……」なんて、ショックで泣くでしょ？

だけど裏を返せば、死への恐怖に震える親の姿を見ていられますかってことなの。

繊細な人にとって、死への恐怖は地獄の苦しみだと思うから、それなら認知症で心が軽くなった方が、ラクに生きられていいんじゃないかな。

そんなふうに私は思います。


認知症って、神様の深い愛なの。

決して、悪い病気なんかじゃない。

という前提でいたら、認知機能が低下したお年寄りに、温かい気持ちで寄り添ってあげられるよね。

あと、たとえ親御さんがあなたのことを忘れてしまっても、魂まであなたを忘れ去ることはありません。

魂と魂は、ずっとつながっているよ。

おわりに

最後に、この本のすべてを集約する詩を、
あなたに贈ります。

どんな小さな出来事にも
意味があり
学びがある

さいとうひとり

巻頭に、一人さん直筆の「幸運を呼ぶ」お守りカードが付いています。切り取って、部屋に飾ったり、カバンや手帳のポケットに入れて持ち歩き、幸運力を高めましょう！

斎藤一人さんと
つながるスポット

最後に、斎藤一人さんファンの皆様に
大切な情報をお伝えします。
一人さんとつながるスポット、
イベント、ウェブのお知らせです。
ぜひ体験してみてください。

斎藤一人さんとつながるスポット①

雄大な北の大地で「ひとりさん観音」に出会えます

北海道河東郡上士幌町上士幌

記念碑

ひとりさん観音の建立から23年目に、白光《はっこう》の剣《つるぎ》（※）とともに建立された「大丈夫」記念碑。一人さんの愛の波動が込められており、訪れる人の心を軽くしてくれます。

※千葉県香取市にある「香取神宮」の御祭神・経津主大神《ふつぬしのおおかみ》の剣。闇を払い、明るい未来を切り拓く剣とされている。

「ひとりさん観音」に
お参りをすると、
願い事が叶うと評判です。
そのときのあなたに
必要な、一人さんの
メッセージカードも引けますよ。

ひとりさん観音《かんのん》

柴村恵美子さん（斎藤一人さんの弟子）が、生まれ故郷である北海道·上士幌《かみしほろ》町《ちょう》の丘に建立《こんりゅう》した、一人さんそっくりの美しい観音様。夜になると、一人さんが寄付した照明で観音様がオレンジ色にライトアップされ、昼間とはまた違った幻想的な姿になります。

斎藤一人さんとつながるスポット②

ついてる鳥居 最上三十三観音 第2番 山寺（宝珠山《ほうじゅさん》 千手院《せんじゅいん》）

山形県山形市大字山寺4753　TEL：023-695-2845

斎藤一人さんとつながるスポット③

一人さんがすばらしい波動を入れてくださった絵が宮城県の定義《じょうぎ》如来《にょらい》西方寺《さいほうじ》に飾られています

宮城県仙台市青葉区大倉字上下1
Kids' Space 龍の間

勢至菩薩《せいしぼさつ》様はみっちゃん先生のイメージ

聡明に物事を判断し、冷静に考える力、智慧と優しさのイメージです。寄り添う龍は、「緑龍《りょくりゅう》」になります。地球に根を張る樹木のように、その地を守り、成長、発展を手助けしてくれる龍のイメージで描かれています。

観音菩薩《かんのんぼさつ》様ははなゑさんのイメージ

慈悲深く力強くもある優しい愛で、人々を救ってくださるイメージです。寄り添う龍は、あふれる愛と生きる力強さ、エネルギーのある「桃龍《ももりゅう》」になります。愛を与える力、誕生、感謝の心を運んでくれる龍です。

阿弥陀如来《あみだにょらい》様は一人さんのイメージ

海のようにすべてを受け入れる深い愛と、すべてを浄化して癒やすというイメージです。また、阿弥陀様は海を渡られて来たということでこのような絵になりました。寄り添う龍は、豊かさを運んでくださる「八大《はちだい》龍王《りゅうおう》様」です。

斎藤一人さんとお弟子さんなどのウェブ

斎藤一人さんのオフィシャルブログ

https://ameblo.jp/saitou-hitori-official/

一人さんが毎日あなたのために、ツイてる言葉を、
日替わりで載せてくれています。ぜひ、遊びにきてくださいね。

斎藤一人さんのX（旧Twitter）

https://x.com/O4Wr8uAizHerEWj

上のURLからアクセスできます。ぜひフォローしてください。

柴村恵美子さん
ブログ
https://ameblo.jp/tuiteru-emiko/
ホームページ
https://emikoshibamura.ai/

舛岡はなゑさん
公式ホームページ
https://masuokahanae.com/
YouTube
https://www.youtube.com/
@MasuokaHanae
インスタグラム
https://www.instagram.com/
masuoka_hanae/

みっちゃん先生
ブログ
https://ameblo.jp/genbu-m4900/
YouTube
https://www.youtube.com/
@みっちゃん先生
インスタグラム
https://www.instagram.com/
mitsuchiyan_4900

宮本真由美さん
ブログ
https://ameblo.jp/mm4900/

千葉純一さん
ブログ
https://ameblo.jp/chiba4900/

遠藤忠夫さん
ブログ
https://ameblo.jp/ukon-azuki/

宇野信行さん
ブログ
https://ameblo.jp/nobuchan49/

尾形幸弘さん
ブログ
https://ameblo.jp/mukarayu-ogata/

鈴木達矢さん
YouTube
https://www.youtube.com/
@鈴木たつや-e6i

楽しいお知らせ

無料

ひとりさんファンなら一生に一度はやってみたい

「八《はち》大《だい》龍《りゅう》王《おう》檄《げき》文《ぶん》気《き》愛《あい》合《かっ》戦《せん》」

ひとりさんが作った八つの詩で、一気にパワーがあがりますよ。
自分のパワーをあげて、周りの人たちまで元気にする、
とっても楽しいイベントです。

※オンラインでも「檄文道場」を開催中!

斎藤一人銀座まるかんオフィスはなゑ
JR新小岩駅 南口アーケード街
ひとりさんファンクラブの3軒隣り
東京都江戸川区松島3-15-7　ファミーユ富士久1階
TEL:03-5879-4925

ひとりさんの作った八つの詩《檄文》

- 大魔神
- 荒武者隊
- 金剛隊
- 抜刀隊
- 隼隊
- 騎馬隊
- 龍神隊
- 神風隊

自分や大切な人にいつでもパワーを送れる「檄文援軍」の
方法も、各地のまるかんのお店で無料で教えてくれますよ。

著者プロフィール

斎藤一人（さいとう・ひとり）

実業家。「銀座まるかん」（日本漢方研究所）の創設者。

1993年以来、毎年、全国高額納税者番付（総合）10位以内にただひとり連続ランクインし、2003年には累計納税額で日本一になる。土地売却や株式公開などによる高額納税者が多いなか、納税額はすべて事業所得によるものという異色の存在として注目される。

著書に『斎藤一人　だんだんよくなる未来は明るい』（PHP研究所）、『斎藤一人　奇跡の人』（徳間書店）、『斎藤一人　本質』（KADOKAWA）、共著に『斎藤一人　この世を天国に変えるコツ』（徳間書店、みっちゃん先生と）、『斎藤一人　檄文　完全版』（徳間書店、舛岡はなゑさんと）などがある。

STAFF
本文デザイン・DTP　中村たまを
編集協力　古田尚子、Le ciel bleu
校正　西進社

斎藤一人
いますぐ幸せになれる言葉

2024年11月10日　第1刷発行
2025年 8 月10日　第3刷発行

著者　斎藤一人
発行者　永岡純一
発行所　株式会社永岡書店
〒176-8518　東京都練馬区豊玉上1-7-14
代表☎ 03(3992)5155　編集☎ 03(3992)7191
製版　センターメディア
印刷　精文堂印刷
製本　コモンズデザイン・ネットワーク

ISBN978-4-522-45432-9　C0176